# Contemporary Spanish Theater

## SEVEN ONE-ACT PLAYS

THE SCRIBNER SPANISH SERIES

General Editor, Carlos A. Solé

The University of Texas at Austin

# Contemporary Spanish Theater

## SEVEN ONE-ACT PLAYS

Edited by

**Patricia W. O'Connor**
University of Cincinnati

and

**Anthony M. Pasquariello**
University of Illinois, Urbana-Champaign

CHARLES SCRIBNER'S SONS New York

Copyright © 1980 Patricia O'Connor and Anthony Pasquariello

Library of Congress Cataloging in Publication Data
Main entry under title:

Contemporary Spanish theater.
    (The Scribner Spanish series)
    Plays in Spanish; commentary in English.
    CONTENTS: Martínez Ballesteros, A., La distancia.—
López Mozo, J., La renuncia.—Arrabal, F., Fando y Lis
(first act)    [etc.]
    1. Spanish language—Readers—Drama.    2. Spanish
drama—20th century.    I. O'Connor, Patricia Walker,
1931-            II. Pasquariello, Anthony Michael, 1914-
PC4127.D7C6        468.6′421        79-26859
ISBN 0-684-16500-7

1 3 5 7 9 11 13 15 17 19    F/P    20 18 16 14 12 10 8 6 4 2

Printed in the United States of America

To the teaching assistants
with respect and affection

# Preface

We have designed this anthology for teachers and students
in second-year Spanish classes who seek something other than
tradtional plots and pat answers. The characters in these
seven contemporary one-act plays are sometimes outrageous,
and their actions may seem absurd. The playwrights included
here have rejected sentimental bromides in favor of harsher
realities, which they portray with irony, force, and black
humor. The plays frequently are allegorical and often touch
upon social, philosophical, and political problems. Because
of their generally veiled messages and imaginative forms, they
lend themselves to a variety of interpretations, all of which we
encourage readers to explore.

In many ways, this text is an outgrowth of courses we have
taught in contemporary Spanish theater. Not only did these
brief works and others like them stimulate lively discussions
but students took great delight in staging and performing
them. We have many happy memories of the camaraderie of
student rehearsals and the excitement of the actual performances. We noticed, too, that other instructors who had read
or performed these works were using them for discussions
and dramatic readings in their own first- and second-year
classes. They were enthusiastic about the results and encouraged us to incorporate these plays into a text for intermediate college students. We have done so with a great
deal of pleasure.

The playwrights represented in this volume are among the
best known of the "underground" or "censored" dramatists
of the Franco era. In selecting the plays, we were guided by
what our theater students enjoyed most, what other instructors have found most appropriate for second-year classes,

and what we thought would have the broadest appeal. All of the plays included here have been performed in cabaret theaters or by independent theater groups, and several have also been translated into other languages and published and performed abroad.

We have arranged the plays in order of their linguistic difficulty and have grouped them under thematic headings to focus attention on their central ideas. These timely and timeless themes include: (1) El matrimonio, o ¿y vivieron siempre felices?; (2) La condición humana; (3) El abuso del poder; and (4) La cuestión femenina. However, each play is a completely independent entity, and instructors may, of course, present the plays in any order they wish.

In addition to the plays themselves, we have provided what we hope are helpful, informative, and versatile editorial aids. In the general introduction we describe the historical period and circumstances that gave rise to these "underground" plays. Following each play we offer a commentary on the work and a biographical sketch of the playwright that includes a brief bibliography of key books or articles that contain further information. The commentary and section about the playwright may be read either before or after the play.

Because this text was prepared with intermediate students in mind, the general introduction, commentaries, and sections about the playwrights are in English. We reasoned that the plays themselves contain ample linguistic challenge for intermediate students. Additional language practice is provided by the questions and discussion topics (in Spanish) that follow each play. The questions help students to follow the action of the play and call attention to important details that may help them to understand the dramatist's purpose and meaning. The discussion topics present students with a number of debatable issues related to the plays. These topics should elicit the expression of various points of view and much lively discussion. The sharing of reactions and insights with others, we have found, enhances the enjoyment of the plays. We have divided the longer plays into sections, indicated by asterisks within the text of the play. Each section has its own questions and discussion topics, keyed to the appropriate page numbers, following the play. This gives instructors the option of having students prepare the longer plays a section at a time.

In order to resolve problems of a syntactical nature and to assist the students with passages that contain unusual words or misleading cognates, we have supplied extensive footnotes throughout the plays. Footnoted words that do not appear in other parts of the text do not appear in the vocabulary at the end of the book. In both the footnotes and the vocabulary, we have tried to capture the spontaneity of the contemporary language used by the playwrights by using approximate colloquial English equivalents rather than literal translations.

In addition to providing fresh and provocative reading material for second-year classes, this text can also be used in conversation and composition classes. The plays and the questions and discussion topics that accompany them should stimulate animated conversation and thoughtful essays. And, because the publication of these plays has previously been limited to rather inaccessible journals or anthologies, we consider this text to be a very useful contribution to courses in contemporary Spanish theater.

Because the plays require a minimum of staging and props, we hope that they will not only be read dramatically in class but that students and faculty will be inspired to perform them; performing the plays, in addition to any other benefits that may be derived from the experience, greatly facilitates and promotes the use of Spanish in an authentic cultural context.

We would like to take this opportunity to express our gratitude to all the playwrights included in this anthology for granting us permission to publish their plays. We also appreciate their prompt and courteous attention to our inquiries concerning professional or personal details.

# Contents

# El Abuso del Poder

# La Cuestión Femenina

# Contemporary Spanish Theater

## SEVEN ONE-ACT PLAYS

# Introduction:
# Dramatists in Search of a Stage

The contemporary Spanish playwrights included in this book are members of a unique group—writers whose plays were suppressed by the Franco government. Thus, their work may be considered "underground theater." If we then liken "underground theater" to an iceberg, the playwrights represented here constitute only a portion of the visible tip; the bulk remains submerged. Composed of approximately twenty writers who have created hundreds of plays, most of which remain unperformed and unpublished, these "underground" playwrights are better known abroad than at home. A special case is Fernando Arrabal, who in the mid-1950s made the painful decision to move to Paris in search of a stage. He felt compelled to forsake language and cultural roots—a most difficult sacrifice, for these elements are a writer's most basic tools—to live in an atmosphere that would be receptive to his art. In retrospect, his choice may be con- sidered as right as it was courageous. Arrabal is an important figure today in international theater; his plays are performed all over the world and are regularly included in university literature courses. Critics consider him a major exponent of the European avant-garde, and the French claim him as their own. However, despite his Parisian premieres and forced absence from the Spanish stage during the Franco era, Ar- rabal insists that he is a Spanish dramatist. Had he remained in Spain, he might have become a casualty of Spanish politics. Instead of being in the vanguard of French and European theater, he might well have been part of the largely unknown "underground" Spanish theater, a curious phenomenon spawned by the oppressive controls of the Franco dictator- ship, which lasted from 1939 until Franco's death in 1975.

1

By winning the Spanish Civil War (1936–1939), the Nationalist forces—led by Franco and actively aided by Hitler and Mussolini—put an end to the democratic Republic that had been established in 1931. At the war's end, those who had fought for or sympathized with the Republic were executed, imprisoned, or excluded from positions of leadership. In 1939, the *Caudillo* ("Leader," like *Duce* and *Führer*), as the new dictator liked to be called, reunited church with state and fashioned his regime on Fascist models. Rigid censorship was instituted at once of all publications (books, newspapers, magazines) and public communications (theater, radio, nightclub acts, and, eventually, television). Theater, an immediate and persuasive form of communication, was the artistic medium most severely repressed during the thirty-six-year dictatorship. In the 1940s, 1950s, and early 1960s, government officials, army officers, priests, and other individuals of unquestioned loyalty to church and state passed judgment on plays seeking authorization. These readers capriciously bluepenciled words and scenes or forbade entire works deemed detrimental to the prevailing political, social, or moral order. Among the things that might have been considered detrimental were, for example, a passionate kiss, a low-cut dress, or an expression not much harsher than the Spanish equivalent of "darn." It was not until 1963 that norms of censorship were formally established, with duly appointed and supposedly competent readers. Although specific prohibitions were numerous, the guiding rule was to forbid all works, or parts thereof, that: (1) offended in any way the fundamental principles of the new Spanish state; (2) ran counter to the beliefs, practices, or morality of the Roman Catholic Church; (3) portrayed negatively any representative of church, state or army.

When, in 1945, the Axis powers (of which Spain was one) lost the Second World War, Franco Spain, surrounded by hostile neighbors, was isolated and vulnerable. Fearful of the infiltration of liberal and potentially dangerous ideas from abroad, censors were loath to allow performances of serious foreign works. Suspicious of hidden meanings, they were similarly unsympathetic to experimental or nonrealistic plays.

But it was not just government censorship that discouraged the performance of important international theater (e.g., works by Sartre, Brecht, Dürrenmatt, Weiss, and the like) or the experimentation with new dramatic forms. Censorship merely reflected and supported the tastes of a conformist bourgeoisie that seemed to lack a critical or adventurous spirit when it came to art of any kind. Works that broke with Spanish tradition in content or form were viewed as unpatriotic and possibly subversive. Audiences expected theater to reflect their values and to present recognizable characters performing familiar tasks. One can readily understand why theatrical fare in the early years of the Franco regime consisted principally of Golden Age classics, regional comedies, escapist fantasies, historical plays, and modern melodramas that lauded the traditional values of the conservative Spaniard. Censorship, then, environmental as well as bureaucratic, played a major role in limiting creative endeavors in the postwar period. Moreover, because most of the writers and intellectuals had sympathized with the Republic and were therefore absent or silent, the quality of literary production in general suffered.

In 1949, Antonio Buero Vallejo, a former Republican soldier who had served seven years as a political prisoner, surprised theatergoers with the success of his first play, *Historia de una escalera*. Buero, Spain's leading dramatist today, suggested for the first time on a Spanish stage since the war's end that Spain was not the best of all possible worlds. Although not openly critical of any institution or individual, Buero awakened slumbering consciences with his powerful portrayal of disillusionment in lower-middle-class Madrid families. Utilizing recognizable characters in a familiar, contemporary setting, Buero's play had the ring of truth. Coming in the midst of so much theatrical nostalgia, frivolity, and rhetoric, *Historia de una escalera* represented not only novelty but quality and dignity, marking a milestone in Spanish dramatic history. Inspired by Buero's pioneer effort, other writers began to probe contemporary social problems in a similarly stark, obliquely critical manner, giving rise in the 1950s to social realism in the theater. Known as the Realistic Generation, dramatists in this group included Alfonso Sastre, Lauro Olmo, José Martín Recuerda, José María Rodríguez Méndez, and Carlos Muñiz. Although generally careful to remain within the letter if not the spirit of the law, they too had frustrating encounters with censorship. Most were unable to earn a living exclusively from the theater, although many of their plays were performed commercially, and they enjoyed recognition at home and abroad.

In the 1960s, another group of writers emerged. A younger and more aggressive breed, they either had not been born or were small children during the Civil War. Like the dramatists who preceded them, they opposed the Spanish government and abhorred the absence of personal freedoms, the torture of political prisoners, the lack of concern for the poor, and the censorship that characterized the Franco era. Their position, however, was much more belligerent than that of their predecessors. In their plays, they distinguished themselves from the Realistic Generation by rejecting the naturalistic style, setting the action of their works in unidentified or fictional countries, and relying heavily upon black humor and irony. They tended to utilize a bare stage and few characters, and to write for actors who could speak as eloquently with their bodies as with their voices. Through poetic and imaginative parables, they attacked the totalitarian system. They denounced exploitation of all kinds, including the subtle indoctrination of people through the mass media, a form of passive violence over which the victims had no control. Some pointed mocking fingers at Franco and his autocratic supporters through simplistic stereotypes and irreverent portraits. Others used subtlety and subterfuge in attacking fundamental institutions. To camouflage their intentions from censors, they created metonymic characters and enigmatic symbols and experimented with language. Determined to unmask the hypocrisy of the Franco society, many of these playwrights demythified the traditional roles of men, women, fathers, mothers, marriage, and the family. Some were particularly fond of employing ritual in clever, grotesque ways, for ritual permeated the Franco regime. They frequently alluded to Spain's perpetual civil strife by depicting warlike situations existing in times of peace. They often used sexual or scatological images to shock as well as to insult the bourgeois audiences they never really succeeded in reaching. Through most of their works ran the themes of anger, frustration, loneliness, and alienation.

Dubbed "new wave," "new," "young," "censored," "repressed," "silenced," and "undergound," the better known of this group include, in addition to the playwrights in this anthology, Francisco Nieva, Miguel Romero Esteo, José María Bellido, Alberto Miralles, Manuel Pérez Casaux, Ramón Gil Novales, and Luis Riaza in Spain, and Martín Elizondo, Rafael Gómez Arcos, and José Guevara in France. During the Franco years, they circulated mimeographed copies of their works among fellow writers and foreign theater scholars. Their plays surfaced only rarely in Spain, and then typically were limited to random performances by semiprofessional groups in small cabaret theaters or university dormitories. These playwrights received many prizes for their unperformed plays, prompting Alberto Miralles to comment ruefully that as a group they were the "most decorated and least performed" ("*el grupo más premiado y menos representado*").

Whether they remained in Spain or sought their fortunes elsewhere, the "underground" dramatists believed that their plays would be performed and their talents recognized in Spain when the Franco regime ended. As the 1960s drew to a close, the dictator, born in 1892, was approaching eighty. Their moment, they felt, was not far off. Franco was to live, however, until November of 1975. Several years have elapsed since his death, but the awaited day of major performances and critical acclaim has not arrived. Although government censorship of theater was abolished in 1978, the make-up of theater audiences themselves has not changed. As in the past, ticket prices continue to make theater a luxury only the more comfortably situated can afford. This conservative, middle-aged audience remains essentially loyal to Franco and flocks to the new plays of superficial political satire that ridicule the *chaquetero*, the opportunistic turncoat politician who prospered under Franco but who has expediently disassociated himself from the former regime in pursuit of broader political appeal now that government leaders are elected rather than appointed. The old guard, uncomfortable with the "permissiveness" of democracy, longs for the security of the authoritarian system in which their positions were not questioned. The more popular audiences, patrons of the *revistas* (vaudeville or variety shows), find that they no longer have to cross the Pyrenees to see totally nude bodies on stage. Despite high prices, many rush to see the now-legal so-called pornographic shows.

Soon after Franco's death, the few producers who gambled on "underground" plays lost money. After these box-office failures, other impresarios were wary of taking chances on such apparently noncommercial ventures. But commercial theater was not the only door closed to the "underground" in the post-Franco period. Recently established repertory companies funded by grants from the new government have shown a preference for foreign plays over new ones written by Spaniards, thus dealing the "underground" another blow. If these "new" authors are to find an audience, it may well be in these theaters, which operate without the economic constraints of commercial theater and are devoted to offering challenging works to a younger, more intellectual minority. So far, however, this possibility remains untested.

Such has been the fate thus far of these provocative, militant, uncompromising playwrights in search of a stage. Ranging in age from the late thirties to the early fifties, they are no longer "young," "new," or "new wave." In the technical sense, they are not even "silenced," "repressed," or "censored." Only their alienation remains. Questions hang in the air. Will these contemporary dramatists eventually find an audience? Can these plays withstand the test of time? Is the pain of recollection still so acute that Spaniards do not want to be reminded of the past? Will these plays be rescued when painful memories have faded? Will government-subsidized theater come to their rescue? Or will these writers give up their attempts to produce the old plays and turn to new material? What role will they play in the direction of theater in the future? Will these dramatists eventually occupy positions of honor as models of personal courage and ambitious literary expression under adverse circumstances? Only time, of course, can supply the answers to these and other intriguing questions about this special group of dramatists in search of a stage.

# El Matrimonio, O ¿Y Vivieron Siempre Felices?

# La Distancia

de

ANTONIO MARTÍNEZ BALLESTEROS

# *Personajes*

El
Ella

*(Una gran cama de matrimonio. Sentados en ella, a los pies, un hombre y una mujer se besan largamente, fuertemente abrazados. Después de un momento, él se vuelve al público.)*

EL.—Acabamos de pasar nuestra primera noche de amor.

ELLA. (*También al público.*)—Nos amamos mucho. Hemos 5
nacido el uno para el otro.

EL.—Un amigo mío dice que, así, como nosotros nos amamos, debiera amarse todo el mundo. Y, de esta forma,
todo marcharía mejor.

ELLA. (*A* EL.)—Ese amigo tuyo no es más que un ingenuo. 10
¿Cómo se va a amar todo el mundo como nosotros? En
nosotros es distinto. Hay una atracción sexual.

EL. (*A* ELLA.)—Ya sé que esa atracción sexual nos conduce a
opinar los dos de la misma forma. Pero ¿es tan difícil
para los otros ponerse de acuerdo?[1]                                    15

ELLA.—Yo creo que sí. Llevamos[2] muchos siglos de experiencia y la gente no se pone de acuerdo nunca.

EL.—Sí, pero ¿acaso han probado?

ELLA.—Yo creo que sí.

EL.—¿Hasta el máximo?                                                    20

ELLA.—No lo sé.

EL.—Convendría probar hasta el máximo.

ELLA.—¿De qué forma?

EL.—No lo sé... (*Quedan pensando un momento.*) Yo creo...

1. **ponerse de acuerdo** to agree
2. **Llevamos** We have had

13

*(Pero no termina su frase.)*

ELLA.—¿Qué?

EL.—No, nada. Dirías que es una solución ingenua. (*Quedan otra vez pensativos.*) Sin embargo... (ELLA *se le queda*
5    *mirando.*)³ No, no creo que sirviera... (*Continúa pensando.*) Pero yo pienso que el motivo del mal está en la incomunicación.

ELLA.—Eso es un tópico muy repetido.⁴

EL.—Sí, pero ¿por qué no intentamos romper la incomunica-
10    ción?

ELLA.—Pregúntaselo a la gente.

EL.—Bueno, dejemos a la gente y sigamos amándonos.

ELLA.—Sí, será lo mejor.⁵

*(Se besan nuevamente. Un beso prolongado que al fin inte-*
15    *rrumpe* EL, *siempre preocupado.)*

ELLA.—¿Qué te ocurre?⁶

EL.—No dejo de pensar en lo mismo.⁷

ELLA. (*Molesta.*)—¿Es que te preocupa la gente más que yo?

20 EL.—No es eso; pero debíamos buscar una solución entre todos.

ELLA.—Que la busquen ellos. Nosotros tenemos lo nuestro.⁸

EL.—Sí, pero...

ELLA.—Olvídate de los demás.

25    *(Le obliga a abrazarla.* EL *se deshace del abrazo.)*

---

3. **Ella se le queda mirando.** She keeps looking at him.
4. **Eso es... repetido.** That is an often-repeated cliché.
5. **será lo mejor** that will be the best thing to do
6. **¿Qué te ocurre?** What's wrong with you
7. **No dejo de...mismo.** I keep thinking about the same thing.
8. **Nosotros tenemos lo nuestro.** We have our own life to live.

EL.—Una cosa es evidente. La gente no se ama porque no se pone de acuerdo. (ELLA, *fastidiada, le vuelve un poco la espalda*.) ¿Y por qué no se ponen de acuerdo?

ELLA. (*Un tanto enfadada*.)—Quizá porque no desean las mismas cosas. 5

EL. (*Pensativo*.)—Algunas veces será eso.

ELLA. (*Enfadada*.)—Siempre.

EL. (*Pensativo*.)—Otras veces será porque todos desean la misma cosa, y si esa cosa sólo puede poseerla uno...

*(Queda pensativo.)* 10

ELLA. (*Volviéndose hacia* EL.)—¿Puede saberse qué persigues?[9]

EL. (*Sin salir de su ensimismamiento*.)[10]—Pero todo el mundo oculta sus deseos a los demás. Sus verdaderas opiniones sobre las cosas. Fingen, ¿te das cuenta? (ELLA 15 *le vuelve la espalda. Silencio*.) Y eso les distancia. (*Silencio*.) O callan. Y eso también les distancia. (ELLA *se vuelve un poco más de espaldas*.) Sin embargo, guardan las reglas de la convivencia. (*Ahora* ELLA *se vuelve a mirarle. Silencio*.) A eso lo llaman vivir en sociedad: 20 ocultarse, por educación,[11] lo que piensan los unos de los otros. (ELLA *le da de nuevo la espalda*. EL *permanece siempre pensativo. El silencio se prolonga demasiado*.) ¿Qué es lo que piensas tú de mí, querida?

ELLA. (*Volviéndose de pronto a* EL, *con alegría*.)—¿Has 25 dicho... querida?

EL.—Sí, he dicho querida. (ELLA *le abraza y le acaricia*.) ¿Qué es lo que piensas tú de mí?

ELLA. (*Corrigiéndole, mimosa*.)—Que-ri-da . . .

---

9. **¿Puede saberse qué persigues?** Will you please let me know what you are driving at?
10. **Sin salir... ensimismamiento.** Without losing his deep concentration.
11. **por educación** because of good manners

EL.—Sí, ya sabes que me eres muy querida. Pero no me dices lo que piensas.

ELLA.—¿De ti, querido?

EL.—De mí, querida.

5 ELLA. (*Acariciándole.*)—Pues... pienso... que te quiero mucho, querido.

EL. (*Un tanto decepcionado.*)—¿Eso es todo?

ELLA. (*Sorprendida.*)—¿Es que necesitas saber más?

EL. (*Desconcertado.*)—Pues...

10 ELLA.—Mira, lo mejor es no profundizar demasiado. Así somos felices, querido. No vayamos a estropearlo.[12] (*Le abraza y le besa. El se deshace del abrazo. ELLA le pregunta, con asombro.*) ¿Pero qué te pasa?[13]

EL.—No es nada que deba preocuparte, querida. Es que
15 tengo un fastidioso dolor de cabeza.

ELLA.—¡Qué lástima, querido! ¿Deseas que te prepare una aspirina con un vaso de leche?

EL.—No es necesario, querida. Si me quedo un poco en silencio se me pasará.[14]

20 ELLA.—Como quieras, querido. (*Quedan los dos en silencio, un tanto separados el uno del otro. Entonces la cama se parte en dos ella sola;[15] queda transformada en dos camas más pequeñas que se han separado. En una está* EL; *en la otra,* ELLA. (*Al público.*) Naturalmente, no le
25 dolía la cabeza.

EL. (*Al público.*)—Claro está que no quiso decirme lo que pensaba de mí.

(*Las dos camas se separan un poco más. Ellos parecen no darse cuenta. Silencio.*)

\* \* \* \* \*

12. **No vayamos a estropearlo.** Let's not go and spoil it.
13. **¿Pero qué te pasa?** But what's the matter with you?
14. **Si me quedo... pasará.** If I can be quiet for a while, it will go away.
15. **Entonces la cama... sola** Then the bed splits in two all by itself

ELLA. (*Con gran amabilidad.*)—¿Se te pasó ya el dolor de
   cabeza, querido?
EL. (*Con una sonrisa.*)—Sí, querida. Eres muy amable.
ELLA.—No más de lo que debo. Ya sabes cuánto te quiero.
EL.—¿De verdad, querida?                                    5
ELLA.—¿Acaso lo dudas?
EL.—Ven a darme un beso.

*(Le tiende los brazos.)*

ELLA. (*Tendiéndole una mano, sin moverse.*)—Si lo quieres,
   querido, ven tú a mi cama.                               10
EL.—¿Por qué no vienes tú a la mía?
ELLA. (*Dejando caer su mano, pero fingiendo una sonrisa.*)
   —Porque estoy muy cansada, querido.
EL. (*Dejando caer los brazos, pero sin cortar su sonrisa.*)—
   Entonces lo dejaremos para mañana, querida. Yo tam-      15
   bién estoy cansado.
ELLA.—Buenas noches, querido.
EL.—Que descanses, querida.

*(Las dos camas se separan un poco más. Ellos siguen sin pare-
      cer darse cuenta de nada.)*                           20

ELLA. (*Al público.*)—Nunca pensé que tuviera tanto orgullo.
EL. (*Al público.*)—Nunca pensé que fuera capaz de fingirme.[16]

*(Las camas se distancian más. Ya existe una gran separación* 25
      *entre* EL *y* ELLA.*)*

ELLA. (*Sin moverse de su sitio.*)—Querido.

16. **fuera... fingirme** she could deceive me

EL. (*Quieto en su cama.*)—Dime, querida.

ELLA.—¿Recuerdas nuestra primera noche de amor?

EL.—Creo que fue algo inolvidable.

ELLA.—Fue algo maravilloso.

5 EL.—No creo que nadie haya tenido una noche como la
nuestra.

ELLA.—Unas noches. Porque las que vinieron después...

EL.—Y las que tenemos ahora...

ELLA.—Pero aquella primera noche...

10 EL.—Maravillosa.

ELLA.—Inolvidable.

*(Queda pensativa. Breve pausa.)*

EL.—¿Por qué lo recuerdas ahora?

ELLA.—Porque voy a darte un hijo. (EL *se pone en pie,*[17] *muy*
15    *contento, con intención de acercarse a* ELLA.) No,
querido, déjame. Ahora estoy fea.

EL. (*Quieto en su sitio.*)—Tú nunca lo estás.[18]

ELLA.—Siempre tan amable, querido. Pero, ¿no me ves? He
perdido mi figura.

20 EL.—No tienes que preocuparte, querida. (*Vuelve a sentarse.*) Todo eso pasará.

ELLA.—Pero tendrás que ser paciente conmigo.

*(Imita una náusea.)*[19]

EL.—¿Qué es eso?

25 ELLA.—Una náusea. Es lo natural.

EL. (*Volviéndose un poco, como con asco.*)—Sí. Es lo
natural.

---

17. **se pone en pie** he stands up
18. **Tú nunca lo estás.** You're never ugly.
19. **Imita una náusea.** She acts as if she's sick to her stomach.

ELLA.—Pero a cambio tendremos un hijo. ¿No es maravilloso?

EL.—¡Maravilloso!

ELLA.—Nunca soñé tanta felicidad.

EL.—Un hijo es eso: la felicidad.                                    5

ELLA.—Dicen que los hijos unen más.

EL.—Sí, es cierto. Unen más.

*(Silencio. Los dos han quedado pensativos. Las camas vuelven a distanciarse.)*

ELLA. *(Al público.)*—No pensé que se detuviera cuando le  10
dije que me estoy poniendo fea.[20] Debiera haberme besado.

EL. *(Al público.)*—Verdaderamente, una mujer pierde atractivo[21] en ese estado. Los besos ya no son lo mismo.

ELLA. *(Al público.)*—Pero es natural. Un hijo hace cambiar  15
mucho a una mujer.

EL. *(Al público.)*—Después de todo esto se pondrá más hermosa. Y volveré a acercarme a ella.

*(Silencio. Las camas se distancian más aún. Se oye dentro el llanto de un niño.)*                                              20

EL.—Gracias por nuestro hijo, querida.

ELLA.—Gracias, ¿por qué? Si no fuera por nuestro amor, nuestro hijo no existiría.

EL.—Eso es verdad, querida.

*(Breve pausa.)*                                              25

ELLA.—¡Qué felices somos!

---

20. **me estoy poniendo fea** I'm getting ugly.
21. **pierde atractivo** loses her beauty

*(Pausa.)*

EL.—¿Cómo podrán los hombres[22] vivir juntos sin amarse?

ELLA.—¿Te preocupa eso mucho?

EL.—Sólo me preocupas tú, querida.

5 ELLA. *(Satisfecha.)*—Gracias, querido.

EL.—De nada, querida. *(Pausa.)* Pero viven juntos.

ELLA.—¿Quiénes?

EL.—Los hombres.

ELLA.—¿Y qué?[23]

10 EL.—Que no le encuentro explicación. ¿Cómo pueden convivir[24] si desconfían los unos de los otros?

ELLA.—No diciéndose la verdad de sus pensamientos.

EL.—Debe ser así. Pero... ¿qué hacen cuando quieren hablar de algo que les gusta?

15 ELLA.—Buscar a alguien con quien puedan hablar de ello.

EL.—¿Y si no encuentran a nadie?

ELLA.—Se callan.

EL.—Entonces tendrán que callar demasiadas cosas.

ELLA.—¿Y a nosotros qué puede importarnos eso? Nosotros

20     somos felices.

EL. *(Como ensimismado.)*—¿Somos felices?

ELLA.—Entre nosotros no hay ningún secreto. Podemos hablar de todo.

EL. *(Igual que antes.)*—¿De todo?

25 ELLA.—Además tenemos un hijo muy hermoso.

EL.—¿Dónde está ahora?

ELLA.—¿Quién?

EL.—Nuestro hijo.

ELLA.—En el colegio.[25]

---

22. **Cómo podrán los hombres** How can people possibly
23. **¿Y qué?** What about it?
24. **pueden convivir** can they live together
25. **En el colegio.** In school.

*(Pausa.)*

EL. *(Pensativo.)*—Me gustaría que fuera filósofo.[26]

ELLA.—¿Quién?

EL.—Nuestro hijo.

ELLA.—De ningún modo.[27]                                              5

EL.—¿Por qué?

ELLA.—Será mejor enseñarle a ganar dinero.

EL.—Pero es que un filósofo...

ELLA.—¿Es que no quieres a tu hijo?

EL.—Los filósofos también pueden ganar dinero.                      10

ELLA. *(Incrédula.)*—No creo que me convenzas.

EL.—Podemos discutirlo.

ELLA.—No lo intentes.

EL.—¿Por qué?

ELLA.—Porque no nos pondríamos de acuerdo.                          15

EL.—¿Cómo lo sabes, si no lo intentas?

EL.—Lo sé...

EL.—Pero...

ELLA.—No discutamos más ese tema.

EL.—¿Por qué                                                         20

ELLA.—Porque nosotros siempre hemos estado de acuerdo.

EL.—¿Y qué?[28]

ELLA.—Que no podemos dejar de estarlo.[29]

EL.—¿Entonces?

ELLA.—Para no dejar de estar de acuerdo lo mejor es no vol-          25
ver a tocar ese tema.[30]

EL. *(Con desconsuelo.)*—¿Nunca más?[31]

ELLA.—Nunca más.

---

26. **Me gustaría... filósofo.** I would like him to be a philosopher.
27. **De ningún modo.** No way.
28. **¿Y qué?** So what?
29. **dejar de estarlo** stop agreeing
30. **lo mejor... tema** it's best not to bring up that subject again
31. **¿Nunca más?** Never again?

EL. (*Resignado*.)—Como quieras. (*Pausa*.) Pero yo pienso
   que…

ELLA. (*Cortándole*.)—No pienses.

EL.—¿Por qué?

5 ELLA.—Es mejor.

EL.—¿Tú crees?

ELLA.—Nosotros hemos tenido siempre la misma opinión.

EL.—Es verdad.

ELLA.—Somos un matrimonio muy unido.

10 *(Y se produce una nueva separación de las dos camas. Ahora
la distancia es muy grande. Las camas están casi en los
laterales, pero ellos continúan como si no hubieran advertido
nada.*[32] *Silencio.)*

EL. (*Al público*.)—No lo entiendo. A medida que pasan los
15   años…[33]

ELLA. (*También al público*.)—Debíamos tener más confianza el uno en el otro.

EL. (*Al público*.)—Pero no es así. Ya no sé de qué hablarle.

ELLA. (*Al público*.)—Su conversación me aburre. Y yo… te-
20   mo herirle con mis palabras.

EL. (*Al público*.)—¿Por qué no podremos hablar?

ELLA. (*Al público*.)—No lo encuentro explicación…

*(Silencio)*

EL.—Querida…

25 ELLA.—Dime.

EL.—¿Volvió el niño del colegio?

ELLA.—Hace ya algunos años,[34] querido.

EL.—¿Dónde está ahora?

---

32. **no hubieran… nada** they had not noticed anything
33. **A medida… años…** As the years go by…
34. **Hace ya algunos años** Quite a few years ago

ELLA.—Con su prometida.[35]

EL. (*Asombrado.*)—¿Su prometida?

ELLA. (*Con naturalidad.*)—Sí. ¿De qué te extrañas?

EL.—No sabía que tuviese prometida.

ELLA.—Tú nunca te has enterado de nada.[36]                    5

EL.—Es que no recuerdo que me lo hayas dicho.

ELLA.—Te lo dije. Pero tú siempre estás distraído con tus cosas.

EL.—¿Seguro que me lo has dicho?

ELLA.—Seguro.                                                10

*(*EL *queda ensimismado*[37] *en sus pensamientos.* ELLA *parece aburrirse. Silencio.)*

EL.—Querida.

ELLA.—Dime.

EL.—¿Quién es ella?                                          15

ELLA.—¿Quién?

EL.—La prometida de nuestro hijo.

ELLA.—Una muchacha de muy buena familia.

EL.—¿Eso es todo?

ELLA.—¿Qué más puedes desear?                                20

EL.—Sí, claro. (*Pausa.*) Pero... ¿se quieren?

ELLA.—Se adoran. Han nacido el uno para el otro.

EL. (*Con amargura.*)—¿Como... nosotros?

ELLA.—¡Claro!

*(Breve pausa.)*                                             25

EL.—¿Lo has comprobado?

ELLA.—¿El qué?

EL.—Que han nacido el uno para el otro.

35. **con su prometida** with his fiancée
36. **Tú nunca... de nada.** You never found out about anything.
37. **El queda ensimismado** He remains deeply engrossed

ELLA.—Naturalmente. De eso estoy seguro.

EL.—Si tú lo dices... (*Pausa.*) ¿De qué hablan?

ELLA. (*Fastidiada por las preguntas.*)—¿Quiénes?

EL.—Ellos. Nuestro hijo y... su prometida.

5 ELLA.—¿Cómo quieres que yo lo sepa?[38] Eso es cosa de
ellos.[39]

EL.—Sí, pero... ¿Se ocultan[40] sus pensamientos?

ELLA. (*Molesta*)—¿Qué tratas de insinuar?

EL.—Nada. Sólo me gustaría saber si se ocultan sus pensa-
10     mientos.

ELLA.—¿Sobre qué?

EL.—Sobre ellos mismos. Es importante saberlo.

ELLA.—¿Por qué?

EL.—Van a vivir juntos.

15 ELLA.—No tienes que preocuparte.[41] Ellos se aman. Y serán
tan felices como nosotros lo hemos sido. ¿No estamos
nosotros más unidos cada día que pasa, querido?

EL. (*Pensativo.*)—Sí, cada día más, querida.


(*Una nueva distanciación[42] de las camas. Pero esta vez salen
20 por completo del escenario, cada una por un lateral. El vacío
de la escena debe dar una sensación de soledad total, a lo que
debe contribuir un prolongado silencio. Luego se oyen las
voces de los personajes fuera de escena,[43] aumentadas, como
a través de un micrófono.)[44]*


25 VOZ DE EL.—Querida...

VOZ DE ELLA.—Dime, querido

VOZ DE EL.—¿Recuerdas nuestra primera noche de amor?


38. **¿Cómo quieres... sepa?** How should I know?
39. **Eso es... ellos.** That's their business.
40. **Se ocultan** Do they conceal
41. **No tienes... preocuparte.** You don't have to worry
42. **Una nueva distanciación** another separation
43. **fuera de escena** offstage
44. **como a... micrófono** as if spoken through a microphone

Voz de Ella.—¿Por qué me haces esa pregunta?

Voz de El.—Estaba pensando en nuestro hijo.

Voz de Ella. (*Tras una breve pausa.*)—Fue inolvidable, querido.

Voz de El.—Sí... Inolvidable... 5

*(Silencio.)*

Voz de El.—Querida...

Voz de Ella.—Dime, querido.

Voz de El.—¿Me ocultaste alguna vez tus pensamientos?

Voz de Ella.—Nunca he desconfiado de ti. Fuiste mi ma- 10 rido.

Voz de El.—Gracias, querida.

Voz de Ella.—De nada, querido.

*(Sobreviene una absoluta oscuridad. Silencio total. Al cabo de unos instantes se hace de nuevo la luz.*[45] *El escenario está* 15 *igual que al principio: una cama grande en el centro y, sentada en ella, a los pies, una nueva pareja se besa largamente, fuertemente abrazados. Después de unos instantes,* El *se vuelve al público.)*

El.—Acabamos de pasar nuestra primera noche de amor. 20

Ella.—Nos amamos mucho. Hemos nacido el uno para el otro.

El.—Un amigo mío dice que, así, como nosotros nos amamos, debiera amarse todo el mundo. Y, de esa forma, todo marcharía mejor...[46] 25

*(Oscuro. Cae rápidamente el*

TELÓN*)*

45. **se hace... luz** the lights come on again
46. **todo marcharía mejor** everything would be better

## COMMENTARY

Through vignettes and revealing dialogues, this simply structured play lays bare the inner workings of a marriage that is only superficially placid. In approximately fifteen minutes, Martínez Ballesteros telescopes the metamorphosis of a relationship from the wedding night to the marriage of a son. Making a strong case for the insufficiency of physical attraction as the basis for long-term marital bliss, *La distancia* portrays one marriage from a hopeful, romantic beginning to a mute and sad pact of convenience.

The stage furniture, as economical as the other dramatic elements, consists solely of a bed that functions symbolically to underscore the gradual drifting apart of husband and wife. In this play of quiet frustration, the characters, alone and lonely, gropingly attempt to articulate the void. There is, however, no dramatic and obvious flaw. There are no quarrels, no physical abuse, no adultery, no drunkenness. Theirs is a more fundamental problem: no communication. In this demythification of the traditional marriage, the author points to differing roles and conflicting values as the precipitating factors in the slow but steady degeneration of an ideal.

## THE PLAYWRIGHT

Antonio Martínez Ballesteros, born in Toledo in 1929, has been happily married since 1956. Had his marriage been unsuccessful, he would not, he claims, have dared to write so critically on this theme. He has three children, one of whom is an actor in the theater company the playwright directs in Toledo. Many of Martínez Ballesteros' works have been published in other languages and have been performed in Germany, Portugal, the Philippines, and the United States. *Los esclavos*, one of the *Farsas contemporáneas* and included in another section of this anthology, was performed in a Madrid cabaret theater in 1970 by a first-rate company. *The Pleasures of the First Lady* (*Los placeres de la egregia dama*) had its world premiere in Binghamton, New York, in 1976. Others of his more important plays are: *En el país de jauja*, *El héroe*, *Las gafas negras del Señor Blanco*, and *Los peleles*. Several of his plays have appeared in English in the journal *Modern International Drama*.

For additional information, consult: Antonio Martínez Ballesteros, *Farsas contemporáneas* (Madrid: Escelicer, 1970); also *Teatro difícil* (Madrid: Escelicer, 1971) and George E. Wellwarth, *Spanish Underground Drama* (University Park: The Pennsylvania State University Press, 1972).

## PREGUNTAS

I. *(pp. 13–16)*

1. ¿Dónde están el hombre y la mujer, y qué hacen antes de empezar a hablar?
2. ¿Qué información ofrecen al público sobre su situación?
3. Según ella, ¿qué tipo de atracción tienen ellos que no tiene todo el mundo? ¿Cree Ud. que esta atracción conduce a estar siempre de la misma opinión? Comente.
4. Cuándo el hombre se queda pensando y dice: "yo creo...," ¿por qué no termina su frase?
5. ¿Dónde está el motivo del mal, según él?
6. ¿Tenía razón el hombre al pensar que su mujer consideraría ingenua su opinión?
7. ¿Parece estar interesada la mujer en la comunicación con su marido?
8. ¿Cuál parece ser su mayor preocupación? ¿En qué se nota?
9. ¿Cree Ud. que esta pareja desee las mismas cosas de la vida? Comente.
10. Según el marido, ¿qué es lo que distancia a las personas?
11. ¿Qué le pregunta el marido a su mujer?
12. ¿Qué palabra llama la atención de la mujer? ¿Y qué le contesta entonces?

13. ¿Qué sugiere la mujer que deben hacer para ser felices y no estropear su amor?
14. ¿Por qué cree Ud. que el marido se deshace del abrazo de su mujer? ¿Tiene realmente él dolor de cabeza? ¿Qué opina Ud.?
15. ¿Qué simboliza la transformación de la cama grande en dos camas pequeñas? Explore varias posibilidades.


**II.** *(pp. 17–25)*

1. ¿Como se comportan marido y mujer a medida que la distancia aumenta?
2. ¿Cuáles son las quejas que expresan al público?
3. ¿Qué le anuncia ella a él?
4. ¿Cree Ud. que el hijo unirá este matrimonio? Comente.
5. ¿Por qué no besó el marido a su mujer al enterarse de que esperaba un hijo?
6. ¿Es realmente feliz esta pareja? Comente.
7. ¿Qué deseos tienen con respecto al futuro de su hijo?
8. ¿Notan ellos la continua separación? ¿Por qué?
9. ¿Por qué no se hablan marido y mujer después de tantos años?
10. ¿Qué le dice ella del "niño"?
11. Según la mujer, ¿por qué no lo sabía él?
12. ¿Por qué está satisfecha la madre con la prometida del hijo?
13. ¿Qué piensa Ud. que desea el padre para su hijo en el matrimonio?
14. ¿Qué puede indicar la escena vacía al desaparecer las camas?
15. En su opinión, ¿cuál ha sido el gran problema de este matrimonio?
16. En la escena final, ¿qué sugiere el autor? ¿Con qué método literario logra hacer esto el autor?
17. En su opinión, ¿quiénes son estos recién casados?

# TEMAS

¿Está Ud. de acuerdo o no? Dé sus razones y comente sobre cada tema.

1. *La distancia* es un cuadro representativo del matrimonio.
2. Las mujeres tienden a ser superficiales y materialistas, mientras que los hombres tienden a ser filosóficos, introspectivos y sensibles.
3. Marido y mujer deben comunicarse (o confesarse) todos sus pensamientos y acciones, tanto presentes como pasados.
4. Es importante que un matrimonio duerma en la misma cama, porque las camas gemelas fomentan la separación.
5. Ese sentimiento especial de la noche de bodas no puede durar, ya que el amor, como toda cosa viva, está en constante transformación.
6. Para casarse, las mujeres buscan la seguridad y la posición social mientras que los hombres buscan a la mujer decorativa.

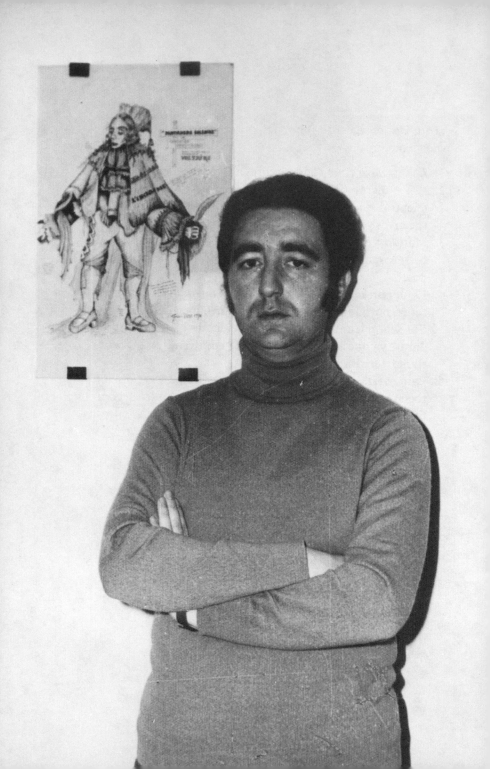

# La Renuncia

de

## JERÓNIMO LÓPEZ MOZO

## Personajes

Voz de Moncho
Voz de Mimí
Hombre
Mujer

*(Oscuro total.)*
*(Dos personas hablan en un lugar indeterminado. Puede ser en un jardín público, en un patio de butacas[1] o en la habitación de una pensión.[2] Se llaman* MONCHO *y* MIMÍ. *No son ni viejos, ni jóvenes; ni altos, ni bajos; ni gordos, ni* 5 *flacos... Son como el resto de la gente.)*

MONCHO.—Mimí... ¿Estás ahí?
MIMÍ.—Sí.
MONCHO.—¿Me oyes?
MIMÍ.—Sí, te oigo.                                            10
MONCHO.—He descubierto algo.
MIMÍ.—¿Es importante?
MONCHO.—Mucho.

*(Pausa.)*

El mundo sufre.                                               15
MIMÍ.—Ya lo había oído antes.
MONCHO.—Pasa hambre.[3]
MIMÍ.—Sí, Moncho. Es cierto.
MONCHO.—Hay que hacer algo.
MIMÍ.—¿El qué?                                                20

---

1. **patio de butacas** orchestra seat
2. **una pensión** a boardinghouse
3. **Pasa hambre.** People are hungry.

33

MONCHO.—¡Alcémonos[4] contra la injusticia! ¡Hagámoslo
    por un futuro mejor!
MIMÍ.—Es bonito lo que dices.
MONCHO.—Actuemos,[5] Mimí.

5                 *(Pausa larga.* MIMÍ *medita.)*

MIMÍ.—Oye, Moncho.
MONCHO.—¿Qué?
MIMÍ.—¿Y si tú y yo morimos en la refriega?

                    *(Pausa.)*

10    ¿No dices nada?
MONCHO.—Pienso.
MIMÍ.—¿En lo que te he dicho?
MONCHO.—En lo que has dicho.
MIMÍ.—¿Qué podemos hacer?
15 MONCHO.—Dejar las cosas como están.

            *(Pausa larga.* MONCHO *ronca.)*

MIMÍ.—¡Moncho!
MONCHO.—¿Qué?
MIMÍ.—¿Duermes?
20 MONCHO.—Sí, Mimí, duermo.
MIMÍ.—Yo también.

*(Habitación de un hotel. La puerta, que es de doble hoja,[6]
está al fondo. Una luz cenital ilumina la cama, que ocupa un
lugar importante en la escena. Al mismo tiempo suenan, le-*

---

4. **Alcémonos** Let's rise up
5. **Actuemos** Let's do someting
6. **La puerta... doble hoja** the French door

*janos, en una iglesia, los acordes de la marcha nupcial. Se ex-*
*tinguen. En los salones de un hotel los novios y los invitados*
*cenan. Risas. El banquete termina. Los novios se retiran a su*
*habitación y las gentes gritan: «¡Vivan los novios!», «¡Hip,*
*hip, hurrá!», «¡Felicidad!»... El ascensor se detiene en el* 5
*piso. Las dos hojas de la puerta se abren de par en par[7] y en el*
*umbral aparecen, a contra luz,[8] un hombre y una mujer. Son*
*los novios. La* MUJER *va en los brazos del* HOMBRE. *Se besan.*
*Es un beso muy largo. Suspiran. Vuelven a besarse. El* HOM-
BRE *avanza unos pasos. La puerta se cierra y la habitación se* 10
*ilumina. El* HOMBRE *deja a la* MUJER *en el suelo. El viste de*
*frac; ella luce un encantador traje blanco.)*

HOMBRE.—¡Solos!
MUJER.—¡Solos los dos!
HOMBRE.—¡Al fin!                                              15

(*Beso.*)

MUJER.—¡Amor!
HOMBRE.—¡Qué fiesta tan larga!
MUJER.—Parecía que no acababa nunca.
HOMBRE.—Todas las bodas son así. La gente no se da cuen- 20
    ta...
MUJER.—Todos querían besarme. ¿Por qué los invitados
    quieren besar a la novia?
HOMBRE.—Para desearle que sea feliz.
MUJER.—(*Sonríe.*) ¡Tontos! Nosotros seremos felices.      25
HOMBRE.—Eso lo sabemos tú y yo. Ellos se creen que somos
    como los demás.
MUJER.—Somos distintos, ¿verdad?
HOMBRE.—En cierto modo, sí. Aparentemente somos un

7. **se abren... en par** open wide
8. **a contra luz** silhouetted against the light

matrimonio más. Por eso nos han repetido el disco que
llevan a todas las bodas: «Que seais muy felices», «Estáis
hechos el uno para el otro», «Es su media naranja».[9]
Realmente no tiene nada de extraño[10] que hayamos
5    recibido el mismo trato que el resto del mundo.[11] Si
miran nuestros trajes, incluso si reparan en la vulgaridad
de la ceremonia, nada les dice que seamos distintos a los
otros.

MUJER.—Entonces no les haremos caso.[12]
10 HOMBRE.—Les olvidaremos.

MUJER.—Estamos por encima de ellos...[13]

HOMBRE.—De sus palabras necias...

MUJER.—De sus tonterías...

HOMBRE.—De su ignorancia...
15 MUJER.—Pero les perdonamos.

HOMBRE.—No les odiamos aunque sean tan absurdos.

MUJER.—Nos son indiferentes.[14]

HOMBRE.—Es un favor que les hacemos porque seremos
    felíces.
20 MUJER.—Porque nos queremos.

HOMBRE.—Y nos querremos como siempre. Nada ha cam-
    biado.

MUJER.—(*Se mira el vestido.*) Únicamente que hoy nos
    hemos vestido de otro modo.
25 HOMBRE.—Digamos que nos hemos vestido así para asistir a
    un guateque un poco especial.[15] Un guateque con cura.
    Pero mañana volveremos a ser como ayer.

*(Pausa.)*

9. **Es su media naranja.** She is his other half.
10. **no tiene... extraño** it is not at all strange
11. **que... del mundo** as everybody else
12. **Entonces... haremos caso.** Then we will not pay any attention to them.
13. **Estamos... de ellos.** We are above them.
14. **Nos son indiferentes.** We don't care about them.
15. **para asistir a... especial** to attend a rather special party

Aún hay otra cosa.
MUJER.—¿Sí?
HOMBRE.—Antes de llegar a mañana queda una noche.
MUJER.—Ya lo había pensado antes.
HOMBRE.—Una noche muy especial.                                5

*(Pausa.)*

¿Tienes miedo?
MUJER.—¿Y tú?
HOMBRE.—Aún no lo sé.

*(La* MUJER *mira hacia la ventana.)*                          10

MUJER.—Ya es de noche.
HOMBRE.—Supongo que sí.
MUJER.—¿Supones?
HOMBRE.—La ventana está cerrada. No podemos saber si
    aún es de día o si ya ha oscurecido.                      15
MUJER.—Y mañana, cuando amanezca, no nos daremos
    cuenta. Seguiremos creyendo que es de noche.

*(Pausa.)*

¿Por qué hablamos de estas cosas?
HOMBRE.—Porque somos felices. Y las personas felices pue- 20
    den hablar de cualquier cosa por pequeña que sea. Sólo
    los que son muy desgraciados tienen que decir cosas
    trascendentales para seguir viviendo.
MUJER.—Cariño... Empiezo a sentir algo extraño. Como
    miedo. Sí, sí es miedo. O no. No es miedo... ¿Qué es?    25
HOMBRE.—Cierra los ojos.
MUJER.—¿Me lo dirás?
HOMBRE.—Sí, te lo diré.

*(La* MUJER *cierra los ojos. El* HOMBRE *la despoja del velo.)*[16]

MUJER.—¿Qué me haces? ¿Por qué no hablas?

HOMBRE.—Silencio. No hay nada que decir.

5 MUJER.—Me has quitado el velo.

HOMBRE.—¡Chsss!

MUJER.—*(Abre los ojos.)* ¿Por qué me has quitado el velo?

HOMBRE.—Es necesario.

MUJER.—No; eso, no.

10 HOMBRE.—Sí.

MUJER.—¡No!... ¡No!...

HOMBRE.—¡Sí! ¡Sí!

MUJER.—Abre la ventana. Quiero ver a la gente.

HOMBRE.—Es ridículo.

15 MUJER.—Aún estarán los invitados en el salón. Volvamos al salón. Me da vergüenza estar sola contigo.

HOMBRE.—¡Tienes que estar sola conmigo! ¡Esta noche tenemos que estar solos! ¿Es que no te lo han dicho?

MUJER.—*(Bajo.)* Sí.

20 HOMBRE.—Somos marido y mujer. Lo ha dicho el cura. Y lo han dicho en el juzgado. Todos lo saben. Podemos estar solos los dos toda la noche. Todas las noches. Es lo normal. Podemos demostrar con papeles que estamos casados.

25 MUJER.—Pero...

HOMBRE.—¿Pero...?

MUJER.—Vas a verme desnuda.

HOMBRE.—¡Claro está![17]

MUJER.—*(Tiembla.)* ¡Y yo a ti!

30 HOMBRE.—¡Naturalmente!

MUJER.—¿Cerrarás los ojos?

HOMBRE.—Es demasiado. Los cerraré si quiero. Si lo consi-

---

16. **la despoja del velo** takes off her veil
17. **¡Claro está!** Of course!

dero necesario. Pero te lo digo desde ahora: ¡es absurdo cuanto dices!

MUJER.—Al menos apagarás la luz.

HOMBRE.—Antes de acostarnos, no.

MUJER.—Mis amigas dicen...                                                        5

HOMBRE.—Tus amigas no saben lo que dicen.

MUJER.—Mis amigas dicen que lo que vamos a hacer es algo horriblemente sucio.

HOMBRE.—¿Cómo pueden decir que lo más hermoso[18] es sucio?                       10

MUJER.—¿Lo llamas hermoso?... Tú también eres monstruoso.

HOMBRE.—¿Qué saben ellas?

MUJER.—Lo imaginaba de otro modo. Yo no quería creerlas.

HOMBRE.—Es como lo imaginabas. Ya lo verás.[19] Yo te lo ex- 15
plicaré. (*El hombre se arrodilla.*) Ven aquí, a mi lado...

(*La* MUJER *se arrodilla frente a él. Apoyan las manos en las rodillas y adelantan los cuerpos.[20] Están muy cerca el uno del otro. El* HOMBRE *habla despacio, recreándose, ajeno a cuanto le rodea. Las palabras quedan flotando en el aire.*)        20

Hubo al principio un hombre y una mujer. Como tu padre y tu madre. Como mi padre y mi madre. Como tú y yo. El hombre se llamaba Adán y la mujer Eva. Adán y Eva estaban desnudos. Y se querían. Y por eso no se avergonzaban de su desnudez. Su amor era puro. Un día 25 fueron a la orilla de un lago que había en el Edén. Era un lago muy grande, rodeado de frutales. Y comieron fruta. Después vieron sus cuerpos reflejados en las aguas, que estaban tranquilas como un espejo, y Adán pensó que

18. **lo más hermoso** the most beautiful experience
19. **Ya lo verás.** You'll see.
20. **adelantan los cuerpos** they lean their bodies forward

sería hermoso tener un hijo que se pareciese a él. Y Eva
también quiso tener una hija tan hermosa como ella. Así
resultó que los dos deseaban lo mismo. Recogieron hier-
bas de un prado y se fueron al bosque y, allí, entre los ár-
5  boles, hicieron un lecho y se conocieron[21] y tuvieron un
hijo. Y aún tuvieron muchos más.

*(Pausa.)*

Lo que sucede es que no todos los hombres son buenos.
Muchos ensucian las cosas bellas. Dios dijo: «Creced y
10  multiplicaos». Pero los que no son buenos se acuestan
con quien no deben y no quieren tener hijos.

MUJER.—¿Qué quieren, entonces?
HOMBRE.—Divertirse.
MUJER.—¡Qué malos!
15 HOMBRE.—El cura ha dicho: «Creced y multiplicaos». Y lo
que dice el cura es como si lo dijese Dios. Tú eres como
Eva.
MUJER.—Y tú como Adán.
HOMBRE.—Estaremos desnudos y no nos dará vergüenza.
20 MUJER.—Ahora, ya no.

\* \* \* \* \*

HOMBRE.—¡Tendremos un hijo! (*El* HOMBRE *se desnuda.
Bajo el traje lleva un pijama. La* MUJER *se desnuda. Bajo el traje lleva un camisón. Las ropas han quedado en el
suelo. Se besan. Siguen arrodillados.*) ¿Lo entiendes?
25 MUJER.—Como tú me lo has contado es muy bonito. Si lo
hubiese sabido antes... Si alguien me lo hubiese ex-
plicado así... Pero mis amigas decían otras cosas. Tam-

---

21. **se conocieron** they made love

bién son malas. Nosotros somos como Adán y Eva. Adán y Eva se acostaron juntos para tener un hijo. (*Feliz.*) Cuando era pequeña siempre pedía que me regalaran muñecas. Me gustaba peinarlas y jugar con ellas a las mamás.[22] Tuve una con el pelo muy largo. Le 5 llegaba hasta aquí.[23] (*Señala la cintura.*) Y yo la peinaba cada mañana. (*Con pena.*) Pero no crecía. Era una muñeca de cartón.

HOMBRE.—Ahora tendrás un hijo de verdad. De carne.[24] Un muñeco que cerrará y abrirá los ojos, que dirá papá y 10 mamá y moverá los bracitos así.

(*El* HOMBRE *agita torpemente los brazos y hace gestos extraños. La* MUJER *ríe.*)

MUJER.—¡Qué maravilla!

HOMBRE.—¿Te gustará                                                                 15

MUJER.—¡Ya lo creo![25]

HOMBRE.—Crecerá. (*Estira el pecho.*)[26] Será tan alto como su padre; y como su abuelo; y como su bisabuelo.

MUJER.—(*No le escucha. Piensa en voz alta.*)[27] Será muy guapa. Y tendrá el pelo como su madre; y como su 20 abuela; y como su bisabuela.

HOMBRE.—Llegará a ser ingeniero o médico o abogado.

MUJER.—Se casará con un ingeniero o con un médico o con un abogado.

HOMBRE.—¡Será nuestro fruto![28]                                                   25

(*Se abrazan. Se separan. Silencio.*)

22. **y jugar... mamás** and to play mother with them
23. **Le llegaba hasta aquí.** It reached down to here.
24. **De carne.** One of flesh and blood.
25. **¡Ya lo creo!** I should say so!
26. **Estira el pecho.** He sticks out his chest.
27. **En voz alta** aloud
28. **¡Será nuestro fruto!** It will be the fruit of our union!

MUJER.—Es mi sueño: tener una hija.

HOMBRE.—¿Una hija?

MUJER.—Sí. Con los ojos azules.

HOMBRE.—Será un varón.

5 MUJER.—¡Oh, no! ¿Tiene que ser forzosamente como tú dices?

HOMBRE.—Forzosamente, no. (*Pausa.*) Pero debe ser así.

MUJER.—¿Quieres decir que puede ser un niño o una niña?

HOMBRE.—Eso he querido decir.

10 MUJER.—¿Y tú qué prefieres?...

HOMBRE.—El hijo es como un ramo joven en la familia. El hijo es necesario. En cambio, las hijas son como adornos. Un lujo... ¿No me crees?

MUJER.—Eres injusto.

15 HOMBRE.—(*Violento.*) Yo sé lo que quiero.

MUJER.—Pero es que yo también lo sé... ¡Oh! Estoy triste. Creí que no te importaría tener una hija.

HOMBRE.—(*Más dulce.*) Quizá he sido demasiado duro. No quise decir que no quiero tener una hija. Únicamente he

20 dado mi parecer... (*Contento.*) Ya lo ves. Mira cómo me río. Podemos tener un hijo o una hija y yo seré igual de feliz[29] (*Serio.*) Bueno; casi igual.

MUJER.—Te ríes porque estás seguro de que tendremos un hijo.

25 HOMBRE.—¡Qué tontería!

MUJER.—Sí; tú lo sabes.

HOMBRE.—Claro que no.[30]

(*Pausa.*)

MUJER.—Dime una cosa... Adán quería tener un hijo y Eva

30 una hija. Y se acostaron juntos...

---

29. **igual de feliz** just as happy
30. **Claro que no.** Of course not.

HOMBRE.—Sí. Ya te lo he dicho antes.

MUJER.—¿Y qué tuvieron?

HOMBRE.—Un hijo que se llamó Caín.

*(La* MUJER *se encoge. El* HOMBRE *está apesadumbrado.)*[31]

MUJER.—¿Por qué lo sabes?                                                    5

HOMBRE.—Lo pone en la Biblia.

MUJER.—(*Desmoralizada.*) Con nosotros sucederá igual.
Quiero decir que también tendremos un varón... ¿Te
callas? ¿Lo ves como no dices nada?[32]

HOMBRE.—Al fin y al cabo la Biblia no tiene nada que ver  10
con nosotros... No me refiero a la Biblia. Hablo, más
bien, de Adán y Eva. No hay por qué[33] tomarlos como
modelos. En muchos matrimonios el primogénito ha sido
una hembra.

MUJER.—(*Estalla de júbilo.*)[34] Es cierto. Yo conozco casos.  15
El verano pasado se casaron unos vecinos míos y
tuvieron una hija. Y hay más... La reina ¿sabes por qué
es reina? (*El* HOMBRE *niega con la cabeza.*) Porque es el
mayor de los hijos del difunto rey. Ni los reyes pueden
elegir.                                                                        20

HOMBRE.—Hace mucho tiempo, cuando estudiaba, un profesor me dijo que había unas reglas... que no era el
azar.[35] Me hablaba de palabras muy extrañas. De
cromosomas, de autosomas, de gametos... ¿Cómo
puedo acordarme ya? Son cosas muy pequeñas, casi in-  25
visibles. Bueno, invisibles para nosotros. Con aparatos
pueden verse. ¿Y sabes para lo que sirven?

MUJER.—No.

---

31. **está apesadumbrado** is distressed
32. **¿Lo ves como no dices nada?** You see?—you're not saying anything.
33. **No hay por qué** There is no reason to
34. **Estalla de júbilo.** He bursts with joy.
35. **que no era el azar** that it was not chance

HOMBRE.—De esas cosas tan diminutas depende el color del pelo de las personas, la forma de la nariz y de las orejas..., el sexo. (*Habla como un maestro.*) Lo he estudiado. Lo he leído. He obtenido mis propias conclu-
5 siones. No debería hablarte de estas cosas.
MUJER.—Sí. Quiero saberlo.
HOMBRE.—No se trata más que de una teoría mía. Puedo estar equivocado... ¡Pero es tan sencillo! ¡Tan natural que suceda de este modo!

10 *(Junta las yemas de los dedos de la mano izquierda.)*

Imagínate que esta mano representa las fuerzas internas del hombre.
MUJER.—¿Las fuerzas...?
HOMBRE.—Las fuerzas internas. Digamos que son las que
15 hacen al hombre capaz de ser padre.
MUJER.—¡Ah!
HOMBRE.—(*Hace con la mano derecha lo mismo que con la izquierda.*) Y éstas son las fuerzas internas de la mujer. Gracias a ellas la mujer puede ser madre. Para que la
20 maravilla se realice tienen que chocar. (*Va juntando las manos.*) Así. Y el fruto es creado. Únicamente que unas veces las fuerzas internas del hombre son más grandes que las de la mujer y otras ocurre al contrario,[36] y de eso depende que[37] el hijo sea varón o hembra.
25 MUJER.—(*Ilusionada.*) ¿Por qué no me lo has dicho antes? Entonces podemos saber... antes de... quiero decir, desde hoy; más exactamente desde ahora... si tendremos un hijo o una hija.
HOMBRE.—(*Apenado.*) No. No podremos saberlo ahora. Ni
30 mañana. Habrá que esperar hasta el final.

---

36. **otras... contrario** at other times the opposite happens
37. **de eso depende que** on that depends whether

MUJER.—¿Cómo se explica eso?

HOMBRE.—La ciencia no ha llegado más lejos.

MUJER.—Pero tus teorías...

HOMBRE.—Están basadas en hechos reales. ¡Nosotros seremos un hecho real! Primero tendremos un hijo y después 5 sabremos quién tenía las fuerzas internas más poderosas.

MUJER.—Volvemos a estar igual que antes. Tus estudios no nos sirven de nada.

HOMBRE.—(*Rendido.*) Pienso que no... Por otra parte[38] yo no pretendía más que explicarte que el caso de Adán y 10 Eva no es un ejemplo válido. Olvídalo. Acuérdate de esa vecina tuya. ¡Y de la reina!... Teniendo un hijo ¿qué importa lo demás?

MUJER.—¡Nada!

HOMBRE.—Además habrá más de uno. Un niño, una niña, 15 otro niño, otra niña...

MUJER.—Ramos jóvenes, como tú quieres, y también, ador-, nos.

HOMBRE.—Algo magnífico.

(*Euforia. La* MUJER *se pone en pie.*[39] *Baila. Va hacia la cama.* 20 *Se sienta en ella. El* HOMBRE *se pone en pie. Ríe. Ríen los dos. Cesan las risas. Se observan. El* HOMBRE *va hacia la cama. La* MUJER *cierra los ojos. El* HOMBRE *se sienta a su lado. Los dos tienen las piernas encogidas. Se cogen las manos. Se aproximan más el uno al otro.*[40] *El* HOMBRE *apaga* 25 *la luz. Se oye un beso. Durante unos segundos hay gran silencio. La* MUJER *enciende la luz. Salta de la cama.*)

MUJER.—¡Sería horrible!

HOMBRE.—¿Qué ocurre? ¿Qué sería horrible?

38. **Por otra parte** On the other hand
39. **se pone en pie** stands up
40. **Se aproximan... al otro.** They come closer to each other.

MUJER.—Tiene que haber un sistema para saberlo antes.

HOMBRE.—(*Aturdido.*) ¿Sistema?... ¿Saberlo antes?... ¿El qué hay que saber antes?[41]

MUJER.—Nuestras fuerzas internas.

5 HOMBRE.—¿Fuerzas internas?

MUJER.—La medida de nuestras fuerzas internas. Pudiera suceder... seguramente se trataría de un caso entre un millón... pero aunque así fuera... aunque sólo se dé un caso[42]... nosotros... nuestras fuerzas internas pueden ser

10    iguales.

HOMBRE.—(*Tratando de entrar en situación.*)[43] Cromosomas, autosomas, gametos...

MUJER.—Y entonces nuestro hijo no sería varón, ni hembra... ¿Qué sería?

15 HOMBRE.—No sería varón... Tampoco hay razones para creer que pudiera ser hembra. Sería...

MUJER.—¡No lo digas!

HOMBRE.—¡Un homosexual!

*(Quedan perplejos.)*

20 MUJER.—Viviremos angustiados hasta saber lo que es. ¡No soportaremos la incertidumbre!

HOMBRE.—Cromosomas, autosomas, gametos... Cada cromosoma es un mundo complicadísmo... Yo... yo no entiendo esto lo suficiente, pero consideremos despacio el

25    asunto... Seguramente... Esto lo pienso yo; no lo he leído en ninguna parte[44]... o, tal vez sí, y no me acuerdo ... Seguramente no hay dos personas con las fuerzas internas iguales... Me refiero a una igualdad rigurosa.

MUJER.—Son suposiciones tuyas.

---

41. **¿El qué... antes?** What is it that you must know before?
42. **aunque sólo... un caso** even if it should happen only once
43. **Tratando de... situación.** Trying to get into the mood.
44. **en ninguna parte** anywhere

HOMBRE.—Tendríamos que consultarlo.[45]

MUJER.—¿A quién?

HOMBRE.—Debe de ser muy tarde.[46] Ya todos están durmiendo. Y esto hemos de averiguarlo esta noche. Precisamente esta noche y no otra.    5

*(Están derrotados. El* HOMBRE *se va a un extremo de la habitación. La* MUJER *a otro. Hablan sin mirarse.)*

\* \* \* \* \*

MUJER.—¿Qué ha sido de[47] nuestra alegría?... Cuando hemos salido de la iglesia nos han tirado granos de arroz. Y han cantado. Y bailado.    10

HOMBRE.—Durante la cena nos han deseado felicidad.

MUJER.—Y nos hemos reído de ellos. Pero ya nuestra felicidad eterna empieza a tener grietas.

HOMBRE.—Felicidad. Suena a idiotez. A cosa lejana. ¡Qué burla!    15

MUJER.—No hemos pensado más que en reír.

HOMBRE.—¡En reír!

MUJER.—Éramos una fiesta. Cada año celebraríamos nuestro aniversario de bodas.

HOMBRE.—Y a cada aniversario habría un hijo más. Y así    20 también celebraríamos muchos cumpleaños.

MUJER.—Con tartas llenas de velas.

HOMBRE.—*(Cantando. O llorando o las dos cosas.)* ¡Cumpleaños feliz, cumpleaños feliz, cumpleaños feliz... !

MUJER.—Cada año una tarta más y una vela que añadir a las    25 demás. Después, nuestros hijos se harían mayores y se casarían.

---

45. **Tendríamos que consultarlo.** We should consult with somebody about it.

46. **Debe de ser muy tarde.** It must be very late.

47. **Qué ha sido de** What has happened to

HOMBRE.—(*Otra vez canta o llora o hace las dos cosas a la vez.*) ¡Ya se han casado, ya se han casado!...

MUJER.—Nos hubieran dado nietos.

HOMBRE.—Sí.

5  MUJER.—¡Muchos nietos!

HOMBRE.—Pero ahora vemos las cosas de otro modo.

MUJER.—Ya no hay lugar para el regocijo.

HOMBRE.—Desconocemos lo que somos, cómo somos y por qué somos. Creíamos que lo sabíamos todo de nosotros

10    mismos y lo ignoramos.

MUJER.—Ahora tenemos mucho miedo.

HOMBRE.—¿Qué nos ha hecho cambiar?

MUJER.—Hemos envejecido de pronto. Sin darnos cuenta.

HOMBRE.—Ya no somos unos jóvenes despreocupados.

15    Ahora formamos un matrimonio, una familia, una célula de la sociedad. ¡Nos hemos hecho responsables de algo! Tenemos obligaciones concretas: hacer el amor, tener hijos, alimentarlos... Pero si sabemos que una de esas obligaciones ha de hacernos desgraciados ¿tenemos

20    que condenarnos? No podemos condenarnos. Prescindiremos de ellas. Eso no quiere decir que seamos egoístas. Yo, al menos, no lo soy.

MUJER.—Yo, tampoco.

HOMBRE.—¡Tenemos tantas responsabilidades!

25 MUJER.—¡Hay tantos peligros!

HOMBRE.—Los hijos son algo muy delicado. No sólo pueden ser homosexuales.

MUJER.—Una vez leí en el periódico...

HOMBRE.—¿El qué?

30 MUJER.—Sucedió en el extranjero. En Europa. Había una fotografía...

HOMBRE.—¿Una fotografía de un niño?

MUJER.—Acababa de nacer.

HOMBRE.—Era un niño monstuoso. Deforme. Yo también

35    le vi.

MUJER.—Había nacido sin piernas, ni brazos. (*Pausa.*) Sus
padres le mataron...

HOMBRE.—Porque no soportaban vivir así...

MUJER.—O por compasión...

HOMBRE.—O por egoísmo... 5

MUJER.—O por las dos cosas. En un caso semejante, ¿qué
haríamos?

HOMBRE.—Cualquier solución es mala. Es decir, que no re-
suelve de un modo satisfactorio nada. Está demostrado.
Otros padres no han matado a sus hijos y no por eso se 10
sienten más felices. Yo diría que se consideran culpables
de no haber tenido el valor suficiente para hacerlo.

MUJER.—En definitiva han condenado a sus hijos a seguir vi-
viendo. Y se han condenado ellos.

HOMBRE.—La sociedad piensa de otro modo. 15

MUJER.—Porque no tiene sentimientos.

HOMBRE.—Pero nos debemos a ella.

MUJER.—¡No es justo! Nosotros importamos más. Estamos
por delante del resto de la sociedad. No en cuanto que
tengamos prioridad.[48] Quisiera explicarme. Lo que a 20
nosotros nos duele en nuestra carne, ella ni lo siente. Es
un cuerpo gigantesco, sin corazón.

HOMBRE.—Creo que te comprendo.

MUJER.—¿Está bien lo que digo?

HOMBRE.—Lo que dices es doloroso. Pero está bien dicho. 25
No existen otras palabras. Por otro lado, tampoco es
necesario suavizar nuestras razones, puesto que nada
variará. (*Pausa.*) Legalmente, un hijo tuyo y mío es
nuestro y de la sociedad. Si es un hijo perfecto será
acogido por los demás con los brazos abiertos. Y todos 30
usarán de su inteligencia, de su fuerza y de su belleza. Y
nos felicitarán. Pero si no es perfecto, la sociedad nos
dirá que el hijo es nuestro; que si le hemos engendrado,

---

48. **No en cuanto... prioridad.** Not because we have priority.

nosotros hemos sido los responsables y ellos nada tienen que ver con el suceso. Nos veremos solos. Todo el peso de la desgracia caerá sobre nuestras cabezas como un castigo. Para siempre. Y la sociedad se lavará las manos.
5    Es su norma.[49] En esas condiciones, con semejantes riesgos, ignorando las posibilidades de éxito que tenemos, no podemos lanzarnos a tan extraña aventura. ¡Tenemos que tomar una decisión! Ahora. Esta noche. Cuando amanezca tendremos una certeza.[50] Seremos de
10    este u otro modo[51] porque nosotros, serenamente, lo hemos decidido.

(*Silencio. Largo silencio. Algo ha quedado roto. Usan un nuevo lenguaje.*)

MUJER.—No quiero tener hijos.
15 HOMBRE.—Cromosomas... autosomas... gametos... ¿Por qué son tan complicados?
MUJER.—Nos hemos casado...
HOMBRE.—Y el cura dijo: «Creced y multiplicaos». Hay una cama. Creced y multiplicaos. Pero se lo dice a todos. Es
20    su fórmula. No hay que tomarla al pie de la letra.[52]
MUJER.—Hay una cama. Tenemos que dormir juntos. Mis amigas dicen que cuando un hombre y una mujer se acuestan en la misma cama necesitan... Yo misma, a veces, cuando estoy sola... Es inconfesable; pero debo
25    decirlo... También he deseado...
HOMBRE.—En principio, el no querer tener hijos no quiere decir que haya que prescindir de todo.
MUJER.—Pero volvemos a ser brutales. Adán y Eva lo hicie-

---

49. **Es su norma.** That's what it usually does.
50. **Cuando amanezca...certeza.** When it gets light out we will be sure about something.
51. **Seremos... modo** We will be one way or the other
52. **No hay que... letra.** You don't have to take it literally.

ron para tener hijos. Tú has dicho que hay gente que no es buena y que se acuestan unos con otros para divertirse. Has dicho que son malos. Yo no quiero ser mala.

HOMBRE.—Hay días en que podemos hacerlo sin peligro. Casi sin peligro.                                                          5

MUJER.—¿Quieres decir?

HOMBRE.—Claro está que no es infalible...

MUJER.—¿Entonces?

HOMBRE.—Hay que renunciar.

MUJER.—¿A todo?                                                          10

HOMBRE.—A todo.

MUJER.—¿No dormiremos juntos?

HOMBRE.—No.

MUJER.—Así no tendremos hijos monstruosos.

HOMBRE.—Pero tampoco los tendremos hermosos.                              15

MUJER.—No tendremos hijos de ninguna clase. Será triste.

HOMBRE.—Pero necesario.

*(Pausa muy larga.)*

Si alguien nos pregunta algo referente a esta noche...

*(Agacha la cabeza.)*                                                     20

No podemos decirle la verdad.

MUJER.—Fingiremos que hemos hecho lo que los demás.[53]

HOMBRE.—Lo diremos con la mayor naturalidad para que no se den cuenta. Yo diré: perdí la cuenta de los que eché.[54]

MUJER.—Dentro de unos meses todos mirarán mi tripa.[55]                  25

HOMBRE.—¡Y no tendrás!

MUJER.—Se reirán de nosotros...

---

53. **lo que los demás** what the others do
54. **...perdí la cuenta... eché.** ...I lost count of the times I did it.
55. **...todos mirarán mi tripa.** ...they will all look at my belly.

HOMBRE.—Y murmurarán...

MUJER.—Será necesario decirles que hemos renunciado a acostarnos juntos.

HOMBRE.—Y no pensarán que lo hacemos por nuestro bien,
5    sino que dirán que somos despreciables. O dirán algo peor...

MUJER.—Y si no les decimos nada supondrán que somos estériles.

HOMBRE.—¿Que no podemos tener hijos? ¡Canallas! ¡Claro
10    que podemos tenerlos! ¡Ah! Si pudiéramos elegir a nuestro gusto. Que existiera un catálogo de niños y dijéramos:[56] «Queremos uno como éste». Entonces le tomarían las medidas, nos las darían anotadas en un papel y nosotros le fabricaríamos sin un error. Pero
15    somos más humanos que ellos. No somos seres monstruosos. Preferimos no tener hijos a lo que hacen muchos: venderlos o abandonarlos... o matarlos.

MUJER.—Nosotros no somos de esa clase de gente.

HOMBRE.—Únicamente decimos que sólo merece la pena en-
20    gendrar hijos si éstos son perfectos. De otro modo hay que renunciar. Es lo que hacemos nosotros.

*(Silencio. Piensan. La MUJER va hacia la cama. Se tumba boca abajo.[57] Acaricia una de las almohadas.)*

¡He tenido una idea!
25 MUJER.—¿Sí?

HOMBRE.—Será formidable. ¡Estarás encinta!

*(La MUJER se sienta en la cama. Después se acerca al HOMBRE.)*

56. **Que existiera...y dijéramos** If a catalogue of children existed and we could say
57. **Se tumba boca abajo.** She lies face down.

MUJER.—¿Haremos el amor?

HOMBRE.—No.

MUJER.—¿Entonces?

HOMBRE.—Y después tendrás un aborto.

MUJER.—¡Oh! Explícame lo de estar encinta[58] sin acostar-  5
nos. La gente preguntará que cómo le engendré.[59]

HOMBRE.—Y tú dirás que como todas las mujeres.

MUJER.—No lo entiendo.

HOMBRE.—Tendrás tripa. Y saldrás a pasear con ella. Y visi-
taremos a todas las amistades para enseñársela. Tu bulto  10
será la envidia de las demás mujeres.

MUJER.—¿Y tendré vómitos?[60]

HOMBRE.—Claro que sí. Primero comerás mucho y cuando
estés harta te beberás una taza de café sin azúcar. O una
cucharada de vinagre. Y entonces vomitarás y todos  15
dirán: «Es normal. Siempre sucede cuando se está encinta.»

MUJER.—(*Contenta.*) Así no daremos pie para que nos cen-
suren.[61] Tendré tripa y vómitos... y antojos.[62] También
tendré antojos ¿verdad?                                           20

HOMBRE.—Y libros que hablen del parto sin dolor. Como
cualquier parturienta.

MUJER.—Y compraremos ropita para el niño.

(*La* MUJER *recorre la habitación describiendo círculos
alrededor del* HOMBRE.[63] *A cada vuelta pasa por encima de la*  25
*cama. El diálogo se desarrolla en esta situación.*)

58. **lo de estar encinta** about being pregnant
59. **La gente... le engendré.** People will ask how I conceived it.
60. **¿Y tendré vómitos?** And will I have morning sickness?
61. **Así no daremos...censuren.** In that way we will not give them any reason
to reproach us.
62. **Tendré tripa...antojos.** I'll have a belly and morning sickness and
cravings.
63. **describiendo... del Hombre** circling around the Man

MUJER.—Oye.

HOMBRE.—Sí.

MUJER.—¿Cómo haré para tener tripa?

HOMBRE.—¿Tripa?

5 MUJER.—¡Claro! No me lo has dicho.

HOMBRE.—Es fácil. Verás. Al principio basta con que te pongas cualquier cosa debajo del vestido... Algo así como una guía de teléfonos.[64] Después algún tomo del Espasa.[65] Es más grueso. Y demuestra que el niño será...

10 sería inteligente. Después, más adelante, una almohada hinchable. Y cada día la hincharemos más. Y al final quedarás...

*(La* MUJER *coge una de las almohadas de la cama y se la coloca en el vientre.)*

15 MUJER.—¿Así?

HOMBRE.—Sí. Quedarás así. Únicamente tienes que aprender a andar como las mujeres encinta. Pero aprenderás en seguida.

MUJER.—Sí; aprenderé.

20 *(Silencio. La* MUJER *se detiene. Deja caer la almohada al suelo.)*

HOMBRE.—Empezaremos esta noche.

MUJER.—¿Ya?

HOMBRE.—Renunciamos desde este momento.

25 MUJER.—¿Podremos aguantarnos?[66]

HOMBRE.—Supone un «pequeño» sacrificio.

---

64. **una guía de teléfonos** a telephone book
65. **tomo del Espasa** an encyclopedia volume
66. **¿Podremos aguantarnos?** Will we be able to hold back?

MUJER.—Pondremos cuanto esté de nuestra parte para que no nos entren ganas.[67]

HOMBRE.—Tú irás a casa de tus padres y yo haré muchos viajes.

MUJER.—Nos pondremos cilicios.[68]   5

HOMBRE.—Tú no te pasearás en bragas por la casa.[69]

MUJER.—Ni iremos a bailar.

HOMBRE.—Comeremos poco para estar débiles.

*(Pausa.)*

MUJER.—Séra muy doloroso.   10

HOMBRE.—Supone una gran renuncia.

MUJER.—Sin embargo, lo lograremos.

HOMBRE.—El mundo es así de cruel.

*(Pausa.)*

Aún tenemos que confirmar...digamos dar carácter 15 definitivo a nuestra renuncia.[70]

MUJER.—¿Quieres decir?

HOMBRE.—Que tenemos que levantar las manos y jurar.

*(Alza el brazo derecho y extiende la palma de la mano. La* MUJER *se le aproxima y se coloca en frente, en la misma* 20 *postura.)*

¿Estás dispuesta?

MUJER.—*(Le tiembla la voz.)* Sí.

---

67. **Pondremos... entren ganas.** We will do all that we can so that we don't get the desire.
68. **cilicio** metal binder with prongs worn by penitents to mortify the flesh.
69. **Tú no te pasearás...casa.** You will not walk around the house in panties.
70. **digamos dar... renuncia.** let's say to make our renunciation definitive.

HOMBRE.—(*Tose. Va a dar un paso definitivo.*) Juramos solemnemente...

*(Pausa.)*

¿Qué juramos?
5 MUJER.—Lo que tú digas.
HOMBRE.—Déjame que lo piense.[71]

*(Piensa.)*

Juramos...solemnemente...no acostarnos juntos...¿Es
eso?
10 MUJER.—Es lo que habíamos decidido.
HOMBRE.—No acostarnos juntos nunca. Nunca. Para no
tener hijos.

*(Están abatidos.)*

Hay que advertir que esta decisión la tomamos para
15 evitar que nuestros hijos puedan ser anormales.

*(Pausa.)*

¿Tienes algo que añadir?
MUJER.—¿Puedo?
HOMBRE.—¡Claro!
20 MUJER.—Juramos que no nos provocaremos.
HOMBRE.—Sí, lo juramos.

*(Se miran. Es una mirada profunda. El* HOMBRE *y la* MUJER
*han muerto espiritualmente. La* MUJER *va hacia la cama. En
el suelo está la almohada que utilizó para simular el em-
25    barazo. Coge la colcha y la extiende en el suelo.)*

---

71. **Déjame... piense.** Let me think about it.

MUJER.—Tu cama está preparada.
HOMBRE.—Ya voy.[72]

*(La* MUJER *se acuesta en la cama. El* HOMBRE *se arrastra hasta la colcha y se envuelve en ella. Recuesta la cabeza en la almohada. Duermen. Las voces de* MIMÍ *y* MONCHO *vuelven* 5 *a oírse.)*

MONCHO.—Mimí... ¿Estás ahí?
MIMÍ.—Sí.
MONCHO.—¿Me oyes?
MIMÍ.—Sí; te oigo.                                                        10
MONCHO.—He descubierto algo.
MIMÍ.—¿Es importante?
MONCHO.—Mucho.

*(Pausa.)*

El mundo sufre.                                                           15
MIMÍ.—Ya lo había oído antes.
MONCHO.—Pasa hambre.
MIMÍ.—Sí, Moncho. Es cierto.
MONCHO.—Hay que hacer algo.
MIMÍ.—¿El qué?                                                           20
MONCHO.—¡Alcémonos contra la injusticia! ¡Hagámoslo por un futuro mejor!
MIMÍ.—Es bonito lo que dices.
MONCHO.—Actuemos, Mimí.

*(Pausa larga.* MIMÍ *medita.)*                                          25

MIMÍ.—Oye, Moncho.
MONCHO.—¿Qué?

72. **Ya voy.** I'm coming.

Mimí.—¿Y si tú y yo morimos en la refriega?

*(Pausa.)*

¿No dices nada?
Moncho.—Pienso.
5 Mimí.—¿En lo que te he dicho?
Moncho.—En lo que has dicho.
Mimí.—¿Qué podemos hacer?
Moncho.—Dejar las cosas como están.

*(Pausa larga.* Moncho *ronca.)*

10 Mimí.—¡Moncho!
Moncho.—¿Qué?
Mimí.—¿Duermes?
Moncho.—Sí, Mimí, duermo.
Mimí.—Yo también.

15                     *(Pausa.)*

Hombre.—(*Volviéndose hacia la cama.*) ¡Cariño!
Mujer.—¿Qué?
Hombre.—¿Duermes?
Mujer.—Sí, cariño, duermo.
20 Hombre.—Yo también.

OSCURO

## COMMENTARY

An appropriate subtitle for this work might be: "The Spirit Is Willing, but the Flesh Is Weak." As the playwright illustrates characteristic human frailty in translating decisions into actions, he points an accusing finger as well at the way in which society limits or deters human fulfillment.

At the beginning of the play, two ordinary people seem to come to an important discovery before falling asleep. The dream sequence involving a man and a woman may be, among other things, a representation of Moncho and Mimí's wedding night. Effectively utilizing irony, López Mozo portrays an event commonly considered near the peak of human joy and one unassociated with philosophic thought. This evening, however, becomes the reverse in every way of what the bride and groom had "dreamed"; another irony. Burdened with the expectations of an authoritarian and unfeeling establishment of which they are now a part, the young couple ages before our eyes. When the scene fades back to the ageless, nondescript Moncho and Mimí, we see the resolve with which the characters intend to make the world a better place for all.

## THE PLAYWRIGHT

Jerónimo López Mozo was born in Gerona in 1942, but has lived in Madrid since childhood. He is an agricultural engineer as well as a dramatist. He and his wife have one child.

In addition to having had a dozen of his plays performed by amateur and semiprofessional groups in Spain, López Mozo holds the distinction of being the "underground" dramatist with the greatest number of literary prizes. Some of his plays that have won awards are: *Moncho y Mimí* (Premio Sitges, 1967); *Collage occidental* (Premio Nacional para Autores Universitarios, 1968); *Matadero solemne* (Premio

Arniches, 1970); *Anarchia 36* (Premio el Galpón, Uruguay, 1975); *Guernica* (Premio Buho de Bronce, 1976).

For additional information, consult the following three publications by Jerónimo López Mozo: *Happening en quince tiempos, Primer Acto*, No. 106 (March 1969), pp. 16–20; "Notas sobre mi obra," *Yorick*, No. 21 (January 1967), p. 10; *Guernica, Estreno*, 1 (Winter 1975), 19–31. See also Francisco Ruiz Ramón, "Introducción al teatro de López Mozo," *Estreno*, 1 (Winter 1975), 15–19; and George E. Wellwarth, *Spanish Underground Drama*. (University Park: The Pennsylvania State University Press, 1972).

## PREGUNTAS

**I.** *(pp. 33–40)*

1. ¿En qué sitio podría tener lugar la acción?
2. ¿Como son los dos personajes?
3. ¿Qué ha descubierto Moncho?
4. ¿Qué quiere hacer Moncho para combatir el problema?
5. ¿Cuál es la preocupación de Mimí?
6. ¿Qué decide hacer por fin Moncho?
7. ¿Cómo cambia el escenario al dormirse Moncho y Mimí?
8. ¿Qué se oye en la distancia? ¿Qué sugiere todo eso?
9. ¿Cómo van vestidos el hombre y la mujer?
10. ¿Creen ellos que son como los demás? ¿Es típica esta idea entre los novios?
11. ¿De qué le despoja el hombre a la mujer?
12. ¿Cómo reacciona ella?
13. ¿Qué historia le cuenta el hombre a la mujer?
14. ¿Por qué, según el hombre, no estaban avergonzados Adán y Eva de su desnudez?
15. Al ver sus cuerpos reflejados en el agua, ¿qué pensaban Adán y Eva?
16. ¿Qué consejo les dió Dios que el cura les da a los novios?

**II.** *(pp. 40–47)*

1. ¿Qué llevan el hombre y la mujer debajo de los trajes?
2. Según ellos, ¿cómo va a ser el hijo que tendrán?
3. En cuanto al "niño," ¿en qué no están de acuerdo?
4. En esta obra, ¿qué representa el hijo para el padre?
5. ¿Qué representan, en cambio, las hijas?
6. Según el hombre, ¿qué determina el sexo de un niño?
7. ¿Cuántos niños desea esta pareja?
8. ¿Qué pasa al apagarse la luz?
9. ¿Cuál es la gran preocupación de la mujer?
10. ¿Qué tienen que averiguar esa misma noche?

**III.** *(pp. 47–58)*

1. ¿Qué cambios ha habido en esta pareja desde su boda?
2. ¿Cómo iban a celebrar cada aniversario?
3. ¿Por qué parece que han envejecido de pronto?
4. Qué riesgos hay al tener un niño?
5. Si tuvieran un niño deformado, ¿qué soluciones considera el marido que tienen los padres?
6. Según el hombre, ¿de qué único modo merece la pena tener niños?
7. ¿Qué ideas tienen para fingir un embarazo?
8. ¿A qué deciden renunciar desde esta noche?
9. Al despertarse Moncho y Mimí, ¿qué conversación tienen?
10. ¿Qué deciden hacer Moncho y Mimí para combatir la injusticia y para construir un futuro mejor?

**TEMAS**

1. ¿Hasta qué punto es importante la opinión de la sociedad en la generación joven de hoy? ¿Ha cambiado esta situación desde la generación de sus padres?

2. En su opinión, ¿Sigue exigiendo la sociedad que los matrimonios tengan hijos?
3. ¿Quiere Ud. tener niños? ¿Cuáles son sus esperanzas y temores al respecto? ¿Cree Ud. que los temores y esperanzas expresados aquí varían mucho de los de sus padres, por ejemplo?
4. En esta obra, parece que los dos sexos tienen destinos diferentes. Señale estas diferencias y exprese su opinión al respecto.


## RESUMEN DEL TEMA: EL MATRIMONIO, O ¿Y VIVIERON SIEMPRE FELICES?

1. Compare y contraste *La distancia* con *La renuncia* en cuanto a: personajes, acción, tiempo, problemas expuestos, propósito del autor.
2. ¿Cuáles suelen ser los problemas principales en el matrimonio? En su opinión, ¿qué factores favorecen el matrimonio feliz?
3. ¿Cuál es, en su opinión, la situación del matrimonio como institución hoy en día? ¿Cree Ud. que algún día desaparecerá, o que siempre existirá de alguna forma?

# La Condición Humana

# Fando y Lis*

## de

### FERNANDO ARRABAL

* Only the first scene of this five-scene play is reprinted here.

# *Personajes*

Lis, la mujer del carrito . . .
Fando, el hombre que la
lleva a Tar . . .

(FANDO *y* LIS *están sentados en el suelo. Junto a ellos hay un cochecito de niño*[1] *muy grande, negro, desconchado por viejo,*[2] *y con ruedas de goma maciza y radios oxidados.*[3] *Por fuera y atados con cuerdas hay una porción de objetos entre los que destaca un tambor, una manta enrollada, una caña de* 5 *pescar,*[4] *un balón de cuero y una cazuela.* LIS *es paralítica de las dos piernas.)*

LIS.—Pero yo me moriré y nadie se acordará de mi.

FANDO.—(*Muy tierno.*) Sí, Lis. Yo me acordaré de ti y te iré a ver al cementerio con una flor y un perro. (*Pausa larga.* 10 FANDO *mira a* LIS. *Emocionado.*) Y en tu entierro cantaré por lo bajines eso de[5] "Qué bonito es un entierro— qué bonito es un entierro" que tiene la música tan pegadiza.[6] (*La mira en silencio, luego añade satisfecho.*) Lo haré por ti. 15

LIS.—¿Me quieres mucho?

FANDO.—Pero yo más bien no quiero que mueras. (*Pausa.*) Me voy a quedar muy triste el día que te mueras.

LIS.—¿Ponerte triste? ¿Por qué?

FANDO.—(*Desolado.*) No sé. 20

---

1. **cochecito de niño** baby carriage
2. **desconchado por viejo** chipped and peeling because it is old.
3. **radios oxidados** rusty spokes
4. **una caña de pescar** a fishing pole
5. **por lo bajines eso de** under my breath the song that goes
6. **la música... pegadiza** such a catchy tune

**67**

Lis.—Me lo dices sólo porque lo has oído. Eso es señal de que no te pondrás triste. Siempre me engañas.

Fando.—No, Lis, te lo digo de verdad:[7] me pondré muy triste.

5 Lis.—¿Llorarás?

Fando.—Haré un esfuerzo, pero no sé si podré. ¡No sé si podré! ¡No sé si podré! ¿Tú crees que esto es una contestación? Créeme, Lis.

Lis.—Pero, ¿creerte qué?

10 Fando.—(*Piensa.*) No sé bien.[8] Dime sólo que me crees.

Lis.—(*Automáticamente.*) Te creo.

Fando.—Pero en ese tono no vale.[9]          *not fair*

Lis.—(*Alegre.*) Te creo.

Fando.—Así tampoco vale, Lis. (*Humildemente.*) Dímelo

15      bien, Lis, que cuando tú quieres, me sabes decir bien las cosas.

Lis.—(*En otro tono, tampoco sincero.*) Te creo.

Fando.—(*Abatido.*) No, Lis, no. No es así. Inténtalo otra vez.

20 Lis.—(*Hace un esfuerzo, pero no son sinceras sus palabras.*) Te creo.

*behave*    Fando.—(*Muy triste.*) No, no, Lis. Cómo eres, cómo te portas de mal conmigo.[10] Inténtalo bien.

Lis.—(*Sin lograrlo aún.*) Te creo.

25 Fando.—(*Violento.*) No, no, no es eso.

Lis.—(*Hace un esfuerzo desesperado.*) Te creo.

Fando.—(*Violentísimo.*) ¡Tampoco![11]

Lis.—(*Llena de sinceridad.*) Te creo.

Fando.—(*Conmovido.*) ¡Me crees! ¡Lis! ¡Me crees!

---

7. **te lo digo de verdad** I'm telling you the truth
8. **No sé bien.** I really don't know.
9. **no vale** it is not right
10. **Cómo eres, como te... conmigo.** How mean you are, how badly you treat me.
11. **¡Tampoco!** Not that way either!

LIS.—(*También conmovida*.) Sí, te creo.

FANDO.—¡Qué feliz soy, Lis!

LIS.—Te creo porque cuando hablas, pareces un conejo y cuando te acuestas conmigo me dejas que me lleve toda la sábana y coges frío.                                                5

FANDO.—No tiene importancia.

LIS.—Y sobre todo porque por las mañanas me lavas en la fuente, y así no tengo que lavarme, que me molesta mucho.

FANDO.—(*Tras una pausa, muy resuelto*.) Lis, quiero hacer 10 muchas cosas por ti.

LIS.—¿Cuántas?

FANDO.—(*Piensa*.) Cuantas más, mejor.[12]

LIS.—Entonces lo que tienes que hacer es luchar en la vida.

FANDO.—Eso es muy difícil.                                                15

LIS.—Es sólo así como puedes hacer cosas por mí.

FANDO.—¿Luchar en la vida? Qué cosas dices. (*Transición*.) Casi parece una broma. (*Muy serio*.) Es que, Lis, no sé por qué tengo que luchar y quizá si supiera por qué no tendría fuerzas e incluso, si tuviera fuerzas no sé si ellas 20 me servirían para vencer.

LIS.—Fando, haz un esfuerzo.

FANDO.—¿Hacer un esfuerzo? (*Pausa*.) Quizás eso sea más sencillo.

LIS.—Nos tenemos que poner de acuerdo.                                                25

FANDO.—¿Y es seguro que eso nos ayudará?

LIS.—Casi seguro.

FANDO.—(*Piensa*.) Pero, ¿ayudarnos a qué?

LIS.—No importa, el caso es que nos ayudemos.

FANDO.—Para tí qué sencillo resulta todo.                                                30

LIS.—No, para mí resulta también difícil.

FANDO.—Pero tienes soluciones para todo.

---

12. **Cuantas más, mejor.** The more the better.

LIS.—No, yo nunca encuentro soluciones, lo que ocurre es que me engaño diciendo que las he encontrado.

FANDO.—Pero eso no vale.

LIS.—Ya sé que no vale, pero como nadie me pregunta nada,
5    da lo mismo;[13] además hace[14] muy bonito.

FANDO.—Sí, es cierto, hace muy bonito. Pero, ¿y si alguien te pregunta algo?

LIS.—No hay cuidado.[15] Nadie pregunta nada. Todos están muy atareados buscando la manera de engañarse a sí
10    mismos.

FANDO.—¡Huy! Qué complicado.

LIS.—Sí, mucho.

FANDO.—(*Conmovido.*) ¡Qué lista eres, Lis!

LIS.—Pero no me sirve de nada,[16] siempre me haces sufrir.

15 FANDO.—No, Lis. Yo no te hago sufrir, todo lo contrario.

LIS.—Sí, acuérdate de cómo me pegas en cuanto puedes.

FANDO.—(*Avergonzado.*) Es verdad. No lo volveré a hacer, ya verás como no.[17]

LIS.—Siempre me dices que no lo volverás a hacer, pero luego
20    me atormentas en cuanto puedes y me dices que me vas a atar con una cuerda para que no me pueda mover. Me haces llorar.

FANDO.—(*Tiernísimo.*) Te hago llorar y a lo mejor cuando estabas en el mes.[18] No, Lis, no lo volveré a hacer. Me
25    compraré una barca cuando hayamos llegado a Tar y te llevaré a ver un río. ¿Quieres, Lis?

LIS.—Sí, Fando.

FANDO.—Y tendré todos tus dolores, Lis, para que veas que

---

13. **da lo mismo** it's all the same
14. **hace** it sounds
15.˙ **No hay cuidado.** There is nothing to worry.about.
16. **Pero... de nada** But it does not help me at all
17. **ya verás... no** you'll see how I won't
18. **a lo mejor... el mes** probably when you were having your period

no te quiero hacer sufrir. (*Pausa.*) Tendré hijos como tú, también.

LIS.—(*Conmovida.*) ¡Qué bueno eres!

* * * * *

FANDO.—¿Quieres que te cuente cuentos bonitos, como el del hombre que llevaba a una mujer paralítica, camino de[19]  5 Tar, en un carrito?

LIS.—Primero paséame.[20]

FANDO.—Sí, Lis. (FANDO *coge en brazos a* LIS *y la pasea por el escenario.*) Mira, Lis, qué bonito está el campo y la carretera.  10

LIS.—Sí, ¡cuánto me gusta!

FANDO.—Mira las piedras.

LIS.—Sí, Fando, ¡qué piedras tan bonitas!

FANDO.—Mira las flores.

LIS.—No hay flores, Fando.  15

FANDO.—(*Violento.*) Da lo mismo, tú mira las flores.

LIS.—Te digo que no hay flores.

*(*LIS *habla ahora en un tono muy humilde.* FANDO, *por el contrario, se vuelve más autoritario y violento por momentos.)*  20

FANDO.—(*Gritando.*) Te he dicho que mires las flores. ¿O es que no me entiendes?

LIS.—Sí, Fando, perdóname. (*Pausa larga.*) ¡Cuánto siento ser paralítica!  25

FANDO.—Está bien que seas paralítica; así soy yo el que te pasea.

19. **camino de** on the way to
20. **paséame** take me for a ride

(FANDO *se cansa de llevar en brazos a* LIS, *al tiempo que se vuelve de más en más violento.)*[21]

LIS.—(*Muy dulcemente, temiendo disgustar a* FANDO.) ¡Qué bonito está el campo, con sus flores y con sus arbolitos!
5 FANDO.—(*Irritado.*) ¿Dónde ves tú los arbolitos?
LIS.—(*Dulcemente.*) Eso se dice: el campo con sus arbolitos.

(*Pausa.*)

FANDO.—Pesas demasiado.

(FANDO *sin ningún cuidado, deja caer al suelo a* LIS.)

10 LIS.—(*Gritos de dolor.*) ¡Ay, Fando! (*Inmediatamente suave, como temiendo disgustar a* FANDO.) ¡Qué daño me has hecho![22]
FANDO.—(*Duramente.*) Aún te quejarás.
LIS.—(*A punto de llorar.*) No, no me quejo. Muchas gracias,
15 Fando. (*Pausa.*) Pero yo quisiera que me llevaras a recorrer el campo y a enseñarme las flores tan bonitas.

(FANDO, *visiblemente disgustado, coge a* LIS *por una pierna y la arrastra por el escenario.*)

FANDO.—¿Qué, ya ves las flores? ¿Qué quieres más? ¿Eh?
20 ¡Di! ¿Ya has visto bastante?

(LIS *solloza, procurando que* FANDO *no la oiga. Sin duda sufre mucho.*)

LIS.—Sí... Si... Gracias..., Fando.

21. **al tiempo que... violento** at the same time that he becomes more and more violent
22. **¡Qué daño me has hecho!** That hurt!

FANDO.—¿O quieres que te lleve hasta el carrito?
LIS.—Sí... Si no te molesta.

(FANDO *arrastra por una mano a* LIS *hasta dejarla junto al carrito.)*

FANDO.—(*Visiblemente disgustado.*) Todo te lo tengo que 5
hacer yo y encima lloras.[23]
LIS.—Perdóname, Fando.

*(Solloza.)*

FANDO.—El dia menos pensado[24] te dejaré y me iré muy lejos
de ti.                                                              10
LIS.—(*Llora.*) No, Fando, no me abandones. Sólo te tengo a
ti.
FANDO.—No haces nada más que molestarme.[25] (*Gritando.*)
Y no llores.
LIS.—(*Se esfuerza por no llorar.*) No lloro.                      15
FANDO.—Que no llores te digo. Si lloras me iré ahora mismo.
(LIS*, aunque trata de impedirlo llora. Disgustadísimo.*)
Conque llorando y todo,[26] ¿eh? Pues ahora mismo me
marcho y no volveré más. (*Sale enfurecido. Al cabo de
unos instantes,* FANDO *entra de nuevo, muy despacio y* 20
*temeroso, hasta llegar a donde está* LIS.) Lis,
perdóname. (*Humilde.* FANDO *abraza y besa a* LIS.
*Luego la coloca bien.*[27] *Ella se deja hacer*[28] *sin decir
nada.*) No volveré a ser malo contigo.

---

23. **Todo te lo tengo... lloras.** I have to do everything for you and on top of
that you cry.
24. **El día menos pensado** The day you least expect it
25. **No haces... molestarme.** All you do is bother me.
26. **Conque llorando y todo** So you are crying and all that
27. **la coloca bien** he positions her carefully
28. **Ella se deja hacer** She lets him do it

LIS.—¡Qué bueno eres, Fando!

FANDO.—Sí..., Lis, ya verás qué bien me porto desde ahora.

LIS.—Sí, Fando.

FANDO.—Dime qué quieres.

5  LIS.—Que nos pongamos en camino hacia Tar.[29]

FANDO.—Ahora mismo nos pondremos en marcha. (FANDO *coge a* LIS *en brazos con mucho cuidado y la mete en el carrito*.) Pero llevamos mucho tiempo intentando llegar a Tar[30] y aún no hemos conseguido nada.

10  LIS.—Vamos a intentarlo otra vez.

FANDO.—Muy bien, Lis, como tú quieras. (FANDO *empuja el carrito, que comienza a cruzar la escena lentamente.* LIS *dentro de él, mira hacia el fondo.* FANDO, *de pronto, se para y va hacia* LIS *y la acaricia con las dos manos en la*
15  *cara. Pausa.*) Perdóname por lo de antes.[31] Yo no quería disgustarte.

LIS.—Ya lo sé, Fando.

FANDO.—Confía en mí. Nunca volveré a hacerlo.

LIS.—Sí, confío en ti. Siempre eres muy bueno conmigo. Re-
20  cuerdo que, cuando estaba en el hospital, me enviabas cartas muy grandes para que pudiera presumir de recibir[32] cartas grandes.

FANDO.—(*Halagado.*) No tiene importancia.

LIS.—También recuerdo que, muchas veces, como no tenías
25  nada que contarme, me enviabas muchos papeles higiénicos, para que la carta abultara mucho.[33]

FANDO.—Eso no es nada, Lis.

LIS.—¡Qué contenta me ponías!

---

29. **Que nos pongamos... Tar.** For us to get on the road to Tar.
30. **Pero llevamos... Tar** But we have been trying to get to Tar for a long time
31. **por lo de antes** for what I did before
32. **para que... recibir** so that I could boast about receiving
33. **me enviabas... abultara mucho** you sent me a great deal of toilet paper so that the letter would be very fat

FANDO.—¿Ves cómo tienes que confiar en mí?

LIS.—Sí... Fando. Confío...

FANDO.—Siempre haré lo que más te guste.

LIS.—Entonces, vamos a darnos prisa para llegar a Tar.

FANDO.—(*Triste.*) Pero no llegaremos nunca.                5

*(*FANDO *empuja el carrito.)*

LIS.—Ya lo sé, pero lo intentaremos.

*(El carrito, empujado por* FANDO, *sale.)*

TELÓN

## COMMENTARY

*Fando y Lis* is a play in five scenes, but only the first is reprinted here. As the first scene contains the seeds of the entire play, we consider it an independent unit.

In a deceptively simple scene, Arrabal manages to touch upon several of man's existential concerns: the enigma of life, the fear of death, the ambivalence of love, the ambiguities of personality, the anguish of loneliness, and the need for human bonding. Withstanding frustration, anger, and cruelty, Fando and Lis remain together rather than face life alone. In the long tradition of literary odd couples—Cervantes' Don Quixote and Sancho Panza and Beckett's Gogo and Didi in *Waiting for Godot*, to name only two—they perform psychological balancing acts, sometimes dominating, sometimes dominated. Who are Fando and Lis? Any married couple? "Fando" and "Lis" Arrabal? Two weary travelers—their sex is unimportant—who join forces to make life's journey together? Where are they going? Toward happiness? Justice? Peace? Understanding? Death? It is left to each of us to ponder the mysteries of the human condition and determine as well the meaning of "Tar."

Arrabal seems to suggest that at birth we are thrust into a void. We manage as best we can by "driving" others or allowing ourselves to be "driven." We are always frustrated, however, for we would like to be divine—mature, all-knowing, serene, and immortal—when we are, in fact, insecure, doubting, fearful, and appallingly mortal. In the cosmic sense, we are, like Fando and Lis, simply children. Terrified of solitude, we cling to a partner and sometimes play cruel games to fill the emptiness of time and space. We toil our way compulsively toward some goal fashioned, perhaps, to give purpose to existence. On the other hand, perhaps we busy ourselves with absurd tasks in order to avoid painful reflection on our only certainty: death.

# THE PLAYWRIGHT

Born in Melilla (in Spanish North Africa) in 1932, Fernando Arrabal is a major figure in contemporary international theater. Because production of his works was virtually impossible in Spain during the Franco years, he established himself in Paris in the mid-1950s. He immediately associated himself there with the cultural vanguard, particularly those artistic movements involving surrealism. His plays, premiered and acclaimed in the French capital, have been performed in many other countries and languages. *And They Put Handcuffs on the Flowers* and *The Architect and the Emperor of Assyria* have enjoyed important productions in New York, and his plays are regularly performed off-Broadway and by repertory theaters in various parts of the world. *El triciclo* was performed in Spain noncommercially in the 1950s, and *El arquitecto y el emperador de Asiria*, *El cementerio de automóviles* (intercalating also the short pieces *Oración*, *Primera comunión*, *Los dos verdugos*), and *Oye, patria mi aflicción* have had major commercial presentations there since 1976.

The French critics claim Arrabal as their own, usually classifying his plays with those of Beckett and Ionesco as "Theater of the Absurd." Arrabal, however, considers himself a Spanish rather than a French dramatist and asserts that his works form part of "Panic Theater," a style governed by confusion, humor, terror, chance and euphoria. Arrabal is creator and principal exponent of this style.

Despite Arrabal's opportunity to return to Spain in the post-Franco era, he continues to make his home in Paris with his French wife, Luce, and their two children. In recent years, Arrabal has devoted much time to making films. *Viva la muerta*, *Iré como un caballo loco*, and *El árbol de Guernica* are three of his works geared to the international art-film market.

For additional information, consult: Peter Podol, *Fernando Arrabal* (Boston: Twayne, 1979); Angel and Joan

Berenguer, *Fernando Arrabal* (Madrid: Fundamentos, 1979); Gloria Orenstein, *The Theater of the Marvelous* (New York University Press, 1975); Janet Díaz, "The Theories of Fernando Arrabal," *Kentucky Romance Quarterly*, 16 (1969), 143–54; Jacques Guicharnaud, "Forbidden Games: Arrabal," *Yale French Studies*, 29 (1962), 116–20; Geneviève Serreau, "A New Comic Style: Arrabal," *Evergreen Review*, 15 (1960), 61–69; José Ortega, "El sentido de la obra de Fernando Arrabal," *Estreno*, 2 (Fall 1976), 3–6.

## PREGUNTAS

**I.** *(pp. 67–71)*

1. ¿Dónde están Fando y Lis?
2. Describa el cochecito que va junto a ellos.
3. Mencione los objetos atados con cuerdas.
4. ¿Qué problema físico tiene Lis?
5. ¿Qué preocupación humana representan las primeras palabras de Lis?
6. ¿Cómo consuela Fando a Lis?
7. Según Fando, ¿cómo se sentirá él cuando muera Lis?
8. ¿Qué quiere Fando que Lis le diga? ¿Por qué?
9. ¿Por qué le cree Lis?
10. ¿Le parece lógica la conversación entre Fando y Lis? Comente y explique.
11. ¿Qué debe hacer Fando para que Lis sea feliz?
12. ¿Cuál parece ser la actitud de Fando hacia la vida?
13. ¿Qué hace Lis cuando no encuentra soluciones?
14. ¿De qué modo ha atormentado Fando a Lis?
15. ¿Adónde van Fando y Lis, y qué comprará Fando al llegar?
16. ¿Qué otras cosas le promete Fando a Lis?

**II.** *(pp. 71-75)*

1. ¿Qué cuentos bonitos le promete contar Fando a Lis?
2. ¿Qué quiere Lis que Fando haga primero?
3. ¿Qué cosa admiran Fando y Lis?
4. ¿Qué dice cada uno de las "flores"?
5. Con respecto a la parálisis de Lis, ¿qué diferencias existen entre las palabras y las acciones de Fando?
6. ¿Cómo reacciona Lis a la violencia de Fando?
7. Cuando Lis menciona los arbolitos, ¿por qué cree Ud. que se irrita Fando?
8. ¿Por qué grita Lis?
9. En su opinión, ¿por qué teme Lis disgustar a Fando?
10. ¿De qué modo lleva Fando a Lis a ver las flores?
11. Cuando Lis llora, ¿de qué le amenaza Fando?
12. Después de "volver" Fando, ¿qué se dicen Fando y Lis?
13. ¿Adónde van?
14. ¿Qué hacía Fando cuando Lis estaba en el hospital?
15. ¿Cree Fando que llegarán a Tar?


## TEMAS

1. Explique los posibles sentidos de:  A) el camino;  B) los juguetes y el cochecito de Lis;  C) la parálisis de Lis;  D) Tar;  E) la importancia del tono de voz (i.e., "te creo");  F) el abandono de Fando y la reconciliación.
2. *Fando y Lis* como alegoría de la condición humana. A considerar: la soledad, el misterio de la personalidad, la inseguridad, la crueldad, la función de los juegos, el miedo a la muerte, el simbolismo de la parálisis, la ignorancia infantil, etc.
3. Analice las relaciones entre Fando y Lis, primero suponiendo que son hombre y mujer y luego suponiendo que son amigos del mismo sexo.

4. El valor del esfuerzo frente a la imposibilidad de lograr ciertas cosas.
5. La necesidad del compañero en la vida.
6. ¿Hasta qué punto está Ud. de acuerdo con la visión de la vida representada en este cuadro?

# El Abuso del Poder

# Los Esclavos

### Farsa contra el "consumo"

## de

## ANTONIO MARTÍNEZ BALLESTEROS

## Personajes

Hombre 1
Hombre 2
Mujer 1
Mujer 2

*(Dos arbolitos, uno a la derecha y otro a la izquierda. Debajo del arbolito de la derecha, el* HOMBRE 1 *y la* MUJER 1, *con caretas de gorila, sentados, besándose. Debajo del arbolito de la izquierda, el* HOMBRE 2 *y la* MUJER 2, *haciendo lo mismo y también con caretas de gorila. Cuando dejan de besarse, se* 5 *rascan los sobacos[1] al modo de los simios. Luego se besan otra vez. Nuevamente se rascan los sobacos. Hasta que el juego llega a aburrirles.)*

HOMBRE 1.—¿Qué hacemos ahora?
MUJER 1.—No sé... 10
HOMBRE 2.—Me aburro.
MUJER 2.—Y yo...

*(Pausa. Ninguno sabe qué hacer.)*

HOMBRE 1.—¿Seguimos procreando?
MUJER 1.—Con eso entra hambre.[2] 15
MUJER 2.—"Eso" deja el estómago vacío.
HOMBRE 2.—Pues hay que pensar en llenarlo.
HOMBRE 1.—¿Pero cómo?

*(Pausa. Permanecen pensativos. Luego se rascan los sobacos. Pausa.)* 20

1. **se rascan los sobacos** they scratch their armpits
2. **entra hambre** you get hungry

MUJER 1.—Si procreamos necesitaremos más comida.
MUJER 2.—Los hijos comen mucho.
HOMBRE 2.—Y hay que pensar en alimentarlos.
HOMBRE 1.—¿Pero cómo?
5 HOMBRE 2.—Eso digo yo.[3] ¿Cómo?

*(Pausa. Permanecen pensativos. Se rascan los sobacos. Siguen pensando. Del cielo desciende un enorme pan atado a un garrote en el extremo de un cordel. Las mujeres lo ven, aunque al principio no toman conciencia de[4] lo que es. Cuan-*
10       *do, de pronto, se dan cuenta de lo que se trata.)[5]*

MUJER 1.*(Señalando a su pareja.)*—¡Mira! ¡Un pan!
MUJER 2.—¡Un pan! ¡Cógelo!

*(Los dos hombres corren a coger el pan. Luchan. El* HOM-
*BRE 1 empuja al otro y le golpea en el suelo. Luego corta el*
15 *cordel y se apodera del pan y del garrote. Vuelve con su pareja y los dos empiezan a comer, sin ninguna clase de etiquetas,
como animales. El otro hombre vuelve también con su pareja
cabizbajo.)[6]*

HOMBRE 1.—Ahora somos los propietarios del pan.
20 MUJER 1.—Esto debe continuar siempre así.
HOMBRE 2. *(A su pareja.)*—Nos han usurpado el pan.
MUJER 2.—Esto no debe continuar así.

*(Quedan pensativos. De esta manera han quedado divididos
en ricos y pobres.)*

---

3. **Eso digo yo.** That's what I say.
4. **no toman conciencia de** they are not aware of
5. **lo que se trata** what it is all about
6. **vuelve también... cabizbajo** also returns to his mate crestfallen

HOMBRE 1. (*Dejando de comer.*)—Ahora que tenemos el estómago lleno debemos pensar en civilizarnos.

MUJER 1.—Sí, déjame que te mire.[7] (*Le quita la careta de gorila.*) Así estás más civilizado. Pareces más hombre.

HOMBRE 1.—¿Lo dices de veras?[8] (*Le quita a ella la careta.*) 5 Así me gustas más.[9] Tu cara me resulta[10] más civilizada.

*(Se besan.)*

HOMBRE 2. (*Que ha estado observando a los otros.*)—¿Qué hacen?

MUJER 2.—No lo sé. Pero será mejor imitarles. Ellos han 10 conseguido el pan.

*(Le quita la careta a su pareja.)*

HOMBRE 2. (*Quitando la careta a su mujer.*)—¿Puede saberse lo que persigues?[11]

MUJER 2.—Aprender de ellos para poder quitarles lo que nos 15 pertenece. Tenemos el mismo derecho. (*Y, casi a la fuerza, besa a su pareja, mirando de reojo*[12] *a los otros. Cuando la pareja rica da por finalizado su beso,*[13] *la pareja pobre también lo deja. Pausa. El* HOMBRE 2 *se rasca el sobaco. La* MUJER 2 *le riñe.*) ¡Chist! ¡Se te tiene 20 que quitar esa costumbre![14] No está bien.

---

7. **déjame que te mire** let me look at you
8. **¿Lo dices de veras?** Do you really mean it?
9. **Así me gustas más.** I like you better that way.
10. **resulta** looks
11. **¿Puede saberse... persigues?** Will you please tell me what you have in mind?
12. **mirando de reojo** looking out the corner of her eye
13. **da por finalizado su beso** they finish kissing
14. **¡Se te tiene... costumbre!** You have to get rid of that habit!

HOMBRE 2.—¿Por qué?

MUJER 2. (*Señalando a los otros.*)—Ellos ya no lo hacen. Y son más listos.

HOMBRE 2.—Bueno... (*Corta pausa.*) Y ahora ¿qué hace-
5    mos? Tengo hambre.

MUJER 2.—Tienes que ir a pedirles la mitad del pan.

HOMBRE 2. (*Poniéndose en pie.*)—Bueno... (*Va a dirigirse a los otros, pero se vuelve a preguntar.*)[15] ¿Y si no me lo dan?

10 MUJER 2.—Entonces se lo quitas. Nos corresponde por derecho.

HOMBRE 2.—Sí, se lo pediré. (*Se acerca al otro* HOMBRE.) Oiga, ¿me da la mitad del pan?

MUJER 1.—¡No! ¡Vaya a pedir a otra parte!

15 HOMBRE 1.—¡Eso es! Aquí no queremos vagabundos. Trabaje.

HOMBRE 2.—Pero es que la mitad del pan nos corresponde a nosotros.

MUJER 1. (*A su compañero.*)—¿Has visto qué cinismo?[16] (*Al*
20    *otro.*) ¿Quién le ha metido esas ideas tan raras en la cabeza?

HOMBRE 1.—¡Váyase!

HOMBRE 2.—Entonces me obliga a quitárselo.

HOMBRE 1. (*Desafiante.*)—¡Pruebe!

25 *(El* HOMBRE 2 *se dispone a coger el pan, pero el otro le amenaza con el garrote. El* HOMBRE 2 *vacila. Se vuelve con su pareja.)*

MUJER 2.—¿Qué pasa?

HOMBRE 2.—No hay pan.

30 MUJER 2.—¿Por qué?

---

15. **se vuelve a preguntar** he turns around to ask
16. **¿Has visto qué cinismo?** Have you ever seen such impudence?

HOMBRE 2.—No podemos atacarles.

MUJER 2.—¿Por qué?

HOMBRE 2.—Tienen armas defensivas.

*(Se sienta a su lado, pensativo.)*

HOMBRE 1. (*Sentándose al lado de su mujer.*)—Por esta vez 5
les hemos asustado. ¿Pero y si un día nos quitan el garrote?

MUJER 1.—Hay que estar siempre vigilando. Porque esto
debe continuar siempre así.

MUJER 2. (*Al* HOMBRE 2.)—Esto no debe continuar así.       10

HOMBRE 2.—¿Qué quieres que haga?

MUJER 2.—No lo sé. Tengo hambre. (*Pausa.*) ¿Por qué no
pruebas otra vez?

HOMBRE 2.—Probaré. (*Da unos pasos hacia los otros. El*
HOMBRE 1 *coge el garrote. El* HOMBRE 2 *se detiene.* 15
*Vuelve con su pareja. A su mujer.*) No hay nada que
hacer. En cuanto me acerco, coge el garrote.

MUJER 2.—Habrá que pensar algo. (*Piensan.*) Lo primero
que hay que hacer es apoderarse del garrote. Si lo con-
sigues, el pan será nuestro.                               20

HOMBRE.—Tienes razón. Probaré. (*Se pone en pie. El* HOM-
BRE 1, *siempre vigilante, coge el garrote. El* HOMBRE 2
*se desilusiona.*) No hay nada que hacer.

*(Se sienta.)*

MUJER 2.—Sigo teniendo hambre. Esto no puede continuar 25
así.

MUJER 1.—Esto tiene que continuar siempre así.

HOMBRE 1.—Por ahora dominamos. Tenemos el garrote.

MUJER 1.—Pero la intranquilidad no nos deja vivir. Hay que
pensar algo.                                               30

HOMBRE 1.—Sí. No podremos estar todo el tiempo sin dormir. Y, al menor descuido... (*Piensan.*) ¿Y si les diéramos un pedazo del pan? (*Ella se le queda mirando, con reproche.)*[17] Pequeño, muy pequeño...

5 *(Desiste. Siguen pensando. La* MUJER 2 *le dice algo al oído al* HOMBRE 2. *La* MUJER 1 *les observa, intranquila. La* MUJER 2 *y el* HOMBRE 2 *terminan de cuchichear*[18] *y van a sentarse separados. Luego se hacen una seña de confabulación indicándose mutuamente que hay que esperar.)*[19]

10 MUJER 1. (*A su pareja, muy nerviosa.*)—Nada bueno están maquinando. Será mejor que... Sí, prueba a conformarles con un pedazo del pan. Pequeño. Lo indispensable para que nos dejen tranquilos.[20]

HOMBRE 1.—¿Tú crees?

15 MUJER 1.—No tenemos más remedio.[21] Hay que sobrevivir.

*(El* HOMBRE 1 *se dispone a cortar un pedacito del pan.)*

MUJER 2. (*Poniéndose en pie al mismo tiempo que su pareja.*)—¡Atacamos cada uno por un flanco! ¡A vida o muerte!

20 HOMBRE 2.—¡Hay que sobrevivir! (*Dispuestos al ataque.*) ¡Una, dos y...!

MUJER 2. (*Interrumpiéndole.*)—¡Un momento! ¡Hay que tener cuidado! (*Le hace una seña para que se acerque a ella.*) Creo que nos están preparando una estratagema.

---

17. **con reproche** reproachfully
18. **terminan de cuchichear** stop whispering
19. **una seña de... esperar** a plotting gesture indicating to one another that they have to wait
20. **Lo indispensable... tranquilos.** Just enough, so that they will leave us alone.
21. **No tenemos más remedio.** We have no choice.

MUJER 1. (*Casi al misma tiempo del diálogo anterior.*) ¡Date prisa! ¡Se disponen a atacar!

(*El* HOMBRE 1 *coloca un pedazo de pan en un plato y, con ello en una mano, el garrote en la otra, se acerca a los del lado contrario. La* MUJER 2 *y el* HOMBRE 2, *temerosos, le miran* 5 *acercarse, dispuestos a salir huyendo al primer síntoma de ataque. Pero quedan asombrados al ver cómo el* HOMBRE 1, *que se ha ido acercando también con mucho tiento, deja el plato con el pan en el centro del escenario y se vuelve con su* MUJER. *Desde los laterales del escenario, ambas parejas* 10 *quedan en actitud de observación. La pareja pobre mira con extrañeza al plato colocado en el centro de la escena. La pareja rica estudia a sus contrarios, esperando su reacción. Al fin, el* HOMBRE 2 *y la* MUJER 2 *se acercan al plato.*)

MUJER 2. (*Con extrañeza.*)—No es ninguna estratagema. 15 Nos lo dan por su voluntad.
HOMBRE 2.—No son tan malos como pensábamos.

(*Cogen el plato con el pan y se retiran a su sitio, debajo del árbol, en donde empiezan a comer.*)

MUJER 1.—Dio resultado.[22] Ahora hay que asegurar la con- 20 tinuidad.
HOMBRE 1.—Sí. Hay que crear un orden. Un orden que nos permita vivir tranquilos.
MUJER 1.—Tenemos que hablarles antes de que sientan hambre otra vez y vuelvan a lo mismo. 25
HOMBRE 1.—Todo sea por el orden.[23]

(*Se llegan al centro del escenario. Desde allí hacen una seña a*

---

22. **Dio resultado.** It got results.
23. **Todo sea por el orden.** Let everything be according to [law and] order.

*los otros para que se acerquen. Cuando lo hacen les hablan al
oído:*[24] *el* HOMBRE 1 *al* HOMBRE 2; *la* MUJER 1 *a la*
MUJER 2.)

MUJER 1.—¿Estamos de acuerdo?
5 MUJER 2.—De acuerdo.
HOMBRE 1.—Ya sabéis. Vosotros trabajáis y nosotros, a
cambio, os damos pan. Para comer hay que producir. Es
ley divina.
MUJER 1.—Ganarás el pan con el sudor de tu frente. Recor-
10    dadlo. Hay que trabajar.
HOMBRE 1.—Vuestro trabajo será producir el pan que todos
necesitamos.
HOMBRE 2.—Está bien. (*Corta pausa.*) Y vosotros, ¿qué
haréis mientras?
15 HOMBRE 1.—También trabajaremos. Y así viviremos en paz.
MUJER 2.—¿En qué trabajaréis vosotros?
MUJER 1.—A nosotros nos ha tocado la más ingrata de las
tareas.[25]
HOMBRE 1.—Eso es. Administrar los bienes de la produc-
20    ción.[26] Un trabajo que necesita una dura preparación.
MUJER 1.—Pero estamos dispuestos a sacrificarnos.
HOMBRE 1.—Todo sea por el orden.
HOMBRE 2.—De acuerdo. El pan.
HOMBRE 1.—Primero tendréis que producirlo. A trabajar.
25 HOMBRE 2.—¿Dónde?

*(De lo alto se descuelga una extraña y enorme caja que tiene
una manivela.)*

HOMBRE 1.—En esta máquina. (*La pareja pobre mira a la*

24. **les hablan al oído** whisper in their ears
25. **A nosotros... las tareas.** The most unpleasant job has fallen to our lot.
26. **los bienes... producción** the goods we produce

*caja, con extrañeza.)* Sólo tenéis que dar vueltas a esta
manivela.[27]

HOMBRE 2.—¿Sólo eso?

HOMBRE 1.—Sólo eso. Y sacar fuera de ella lo que vayáis
produciendo para entregarlo.                                    5

HOMBRE 2.—¿A quién?

HOMBRE 1.—A nosotros. ¿No os he dicho que nuestro trabajo consistirá en administrar la producción?

MUJER 1.—Es un trabajo en común.

HOMBRE 1.—Cada uno su parte.                                    10

MUJER 1.—Vosotros a la manivela.

HOMBRE 1.—Es muy fácil. (*Al* HOMBRE 2.) Empieza.

*(El* HOMBRE 2 *da unas vueltas a la manivela y suena una
musiquilla que alegra el semblante de todos. La* MUJER 2 *se
asoma al interior de la caja.)*                                 15

HOMBRE 2.—¿Marcha?

MUJER 2.—Marcha.

*(Saca del interior de la caja dos panes. La* MUJER 1 *se los
quita.)*

MUJER 1.—Continuad trabajando. Después os daremos el 20
pan que os corresponda.

HOMBRE 1.—¿Estamos de acuerdo?

HOMBRE 2.—De acuerdo.

*(El* HOMBRE 2 *sigue dándole vueltas a la manivela; su* MUJER
*pone atención al interior*[28] *de la caja. Los otros se retiran a su* 25
*sitio, satisfechos. Se disponen a comer.)*

\* \* \* \* \*

27. **Sólo tenéis… manivela.** You only have to turn this crank around.
28. **pone atención al interior** directs her attention to the inside

MUJER 1.—Partiremos los panes recientes. (*Por lo que queda del primer pan.*) Éste se ha puesto duro.
HOMBRE 1.—Lo dejaremos para pagar los salarios.

5 *(Comen. Los otros siguen trabajando. La* MUJER *se asoma al interior de la caja. Y saca de ella varias mojigangas:*[29] *un mantón de Manila,*[30] *un espejo, un collar de colorines, una peineta, una botella de coñac y una cajita de puros.)*

MUJER 2. (*Mirando las cosas, con extrañeza.*)—¿Para qué sirve esto?
10 HOMBRE 2.—No lo sé. Entrégalo y que te den nuestra parte del pan. Yo seguiré trabajando. (*Continúa dándole a*[31] *la manivela. La musiquilla se hace cada vez más alegre. La* MUJER 2 *hace acto de entrega de las ''cosas''*[32] *a la pareja rica. Y cobra el salario con el pan duro ya partido.*
15 *Luego se vuelve con su pareja. Los dos empiezan a comer el pan, con avidez. Mientras tanto, la* MUJER 1 *se pone el collar, la peineta y el mantón de Manila y se mira al espejo, coqueta. El* HOMBRE 1 *enciende un puro y echa un trago*[33] *de la botella de vez en cuando. Los otros, pendientes de su comida,*[34] *no se dan cuenta de nada.* HOM-
20 BRE 2, *terminando su comida, satisfecho, desperezándose.*) ¡Aah! ¡Al fin llenamos el estómago!
MUJER 2.—¡Al fin lo conseguimos! ¿Vamos a dormir?
HOMBRE 2.—Vamos.

25 *(Se sientan en el suelo, apoyadas las espaldas sobre la pared.)*

HOMBRE 1. (*Al creerse observado, se sobresalta y se saca el*

---

29. **mojigangas** objects of little value
30. **mantón de Manila** embroidered silk shawl
31. **Continúa dándole a** He continues turning
32. **hace acto... ''cosas''** hands the ''things'' over
33. **echa un trago** takes a swallow
34. **pendientes de su comida** concentrating on their food

*puro de la boca.*)—¡Cuidado! ¡Que no te vean esas cosas![35] ¡También las querrían!

MUJER 1. (*Despojándose del mantón, la peineta y el collar.*) —¡Pero si ya les hemos dado su parte del pan!

HOMBRE 1.—Y es posible que hayamos hecho mal. Ahora no 5 se verán nunca conformes.[36]

MUJER 1.—¿Tú crees que les dará envidia de nuestras cosas?[37]

HOMBRE 1.—Seguro. Lo mejor será que no nos las vean.

MUJER 1.—Todavía tenemos el garrote para defendernos. 10

HOMBRE 1.—¡Chist!... Parece que hablan. A ver si logramos saber lo que traman.

*(Quedan a la escucha.)*

HOMBRE 2.—Ahora que hemos conseguido lo que queríamos, tendremos que seguir luchando. 15

MUJER 2.—No es preciso que trabajemos tantas horas. Con menos, habrá bastante para todos.

HOMBRE 2.—Sí. Tendremos que proponérselo.

MUJER 2.—¿Y si ellos no aceptan?

HOMBRE 2.—Entonces lucharemos. No podemos dejarnos 20 dominar.

*(Conspiran en voz baja.)*

HOMBRE 1. (*A su pareja.*)—Habrá que tener cuidado.

MUJER 1.—No es bueno que tengan tanto tiempo libre. Habrá que ocuparles en algo.[38] 25

HOMBRE 1.—Obramos mal[39] al darles su parte del pan. Aho-

---

35. **¡Que no te vean esas cosas!** Don't let them see those things!
36. **Ahora... conformes.** Now they will never be satisfied.
37. **¿... les dará envidia... cosas?** our possessions will make them envious?
38. **Habrá... en algo.** We must keep them busy with something.
39. **Obramos mal** We did the wrong thing

ra ya tienen todas las necesidades cubiertas. Y no traba-
jarán.

MUJER 1.—Habrá que crearles otras necesidades nuevas.

HOMBRE 1. (*Pensativo.*)—Eso sería el modo de entretenerles.
5    ¿Pero cómo?

MUJER 1. (*Después de pensar un rato.*)—¡Ya está[40] Les haremos desear nuestros lujos hasta hacerles creer que son
necesarios.

HOMBRE 1.—¡Pero no son necesarios!

10 MUJER 1.—¿Qué importa?[41] El caso es que ellos los crean
necesarios y trabajen para conseguirlos.

HOMBRE 1. (*Asombrado de la idea de su pareja.*)—¡Tienes
razón! Así les tendremos sujetos.[42]

MUJER 1.—Y haciéndoles consumidores de lo que ellos mis-
15    mos fabrican, nuestros beneficios serán mayores.

HOMBRE 1.—¡No perdamos tiempo! ¡Hay que provocar en
ellos el deseo de posesión! ¡Actuemos!

MUJER 1.—¡Actuemos!

(*El* HOMBRE 1 *va hasta la caja y aprieta un botón. In-*
20 *mediatamente suena una musiquilla que llama la atención de*
*la otra pareja. Luego saca un micrófono del interior de la caja*
*y se dispone a hablar a través de él con cierta prosopopeya.*[43]
*Mientras tanto, la* MUJER 1 *ha vuelto a adornarse con el*
*mantón,*[44] *el collar y la peineta y ha empezado a contonearse*[45]
25            *en el centro del escenario.*)

HOMBRE 1. (*Vuelve a dar al botón,*[46] *cesa la musiquilla y*
*habla a través del micrófono.*)—Señorita, ¿quiere encontrar novio? Señora, ¿quiere gustar a su marido eter-

---

40. **¡Ya está!** I've got it!
41. **¿Qué importa?** What's the difference?
42. **Así les tendremos sujetos.** In that way we will have them under control.
43. **con cierta prosopopeya** with a pompous air
44. **ha vuelto a... el mantón** has put on the shawl again
45. **ha empezado a contonearse** has started to sway her hips
46. **Vuelve... botón** He presses the button again

namente? Use mantón de Manila marca "La Verbena";*
adórnese con un collar de perlas de imitación "El
Engaño" pagando el precio de uno auténtico, y tóquese
con[47] una peineta marca "El Torero." Así podrá estar
siempre joven y dará envidia a sus amigas.                    5

*(El* HOMBRE 1 *termina de hablar y vuelve a dar al botón.
Suena otra vez la musiquilla. La pareja pobre ha estado
mirando con asombro a la mujer rica mientras ha lucido los
abalorios[48] objeto de la propaganda. La* MUJER 1 *quita el
micrófono a su pareja y éste se precipita a descorchar la* 10
botella de coñac. La MUJER 1 *hace cesar la música y se
dispone a hablar por el micrófono mientras el hombre
saborea el coñac.)*

MUJER 1.—Caballero... En sus ratos de descanso deléitese
con coñacs "Príncipe Alberto". Es el rey de los coñacs.  15
Una bebida de hombre. (*Música. El* HOMBRE 1 *suelta la
botella y enciende un puro, que empieza a saborear con
deleite. Cesa la música.*) Señora... Usted puede ser dueña
de un magnífico "chalet" en la sierra. Compre a su
marido una caja de puros marca "Embajador" y usted  20
será dueña y señora de un auténtico palacio con piscina,
jardín, seis habitaciones lujosísimas, que dará envidia a
sus amistades. Cada vitola de los puros "Embajador"
tiene un número que le hará participar en el sorteo. No lo
olvide. Compre a su marido una caja de puros "Emba-  25
jador" y usted podrá ser dueña de un lujosísimo
"chalet".

*(Da al botón y suena de nuevo la musiquilla. Se reúne con el*

---

* All of the words in quotation marks mentioned in the next few pages are
brand names the playwright has made up.
47. **tóquese con** do your hair with
48. **ha lucido los abalorios** has modeled the glass beads

HOMBRE 1, *al que hace un guiño de entendimiento,*[49] *y los dos se disponen a esperar el resultado, luciendo ostentosamente las "cosas" objeto de la propaganda. La otra pareja ha quedado admirada de lo que ha visto, sin acertar a reac-*
5              *cionar.*[50] *Cesa la música.)*

MUJER 2. (*A su compañero.*)—¡Yo quiero un mantón de Manila! ¡Y una peineta como ésa! ¡Y un collar!...
HOMBRE 2.—Yo también querría una caja de puros. Y coñac. Y más cosas. Pero, ¿qué le vamos a hacer?[51] No
10    podemos comprarlas.
MUJER 2.—¿Por qué no he de tener yo lo que tenga ésa?[52] ¡Quiero que me lo compres!
HOMBRE 2.—No tengo dinero.
MUJER 2.—¡Trabaja!
15 HOMBRE 2.—Ya trabajo. Y no puedo comprarte esos lujos.
MUJER 2.—¡Trabaja más!
HOMBRE 2.—Habíamos quedado en que teníamos que luchar contra ellos para conseguir menos horas de trabajo. Nos están explotando.
20 MUJER 2.—¡Tonterías! Ellos siempre tendrán el mando. El mundo siempre ha sido así y nunca podrás cambiarlo.
HOMBRE 2.—Si nos creemos eso, es que nos damos por vencidos[53] antes de probar. Pero yo sé que si luchamos unidos...

25 *(Deja la frase cortada*[54] *al oír de nuevo la musiquilla anunciadora*[55] *de la propaganda. El* HOMBRE 1 *ha dado al botón*

49. **hace un guiño de entendimiento** she winks knowingly
50. **sin acertar a reaccionar** without knowing how to react
51. **¿Qué le vamos a hacer?** What can we do about it?
52. **¿Por qué no he... ésa?** Why shouldn't I have whatever she has?
53. **nos damos por vencidos** we give up
54. **Deja la frase cortada** He does not finish the sentence
55. **la musiquilla anunciadora** the theme song

*de la caja y ha cogido el micrófono. La* MUJER 1 *ha cogido
otro micrófono. Y los dos a la vez se disponen a reanudar la
propaganda.)*

HOMBRE 1.—¡"Optimus"! ¡El televisor más moderno!
MUJER 1.—¡Optimus"! ¡El televisor mejor!                5
HOMBRE 1.—¡"Optimus"! ¡El único televisor capaz de
transportarle con su claridad de imagen[56] a un mundo de
ensueño!

*(Música. La pareja pobre ha quedado como embobada.)*[57]

MUJER 1. *(Al micrófono.)*—¡"Polo Norte"! ¡El mejor de los  10
frigoríficos!
HOMBRE 1.—¡Señora!... Si quiere dar envidia a sus amista-
des, ¡compre un frigorífico "Polo Norte"!
MUJER 1.—¡No lo olvide! ¡Frigoríficos "Polo Norte"!
¡Siempre "Polo Norte"!                                  15

*(Música.)*

HOMBRE 1.—¡El automóvil más potente! ¡El de mejor lí-
nea![58] ¡El más elegante! ¡Todo "confort"![59] ¡"Rodes
1.750"! ¡No lo olvide! ¡No lo olvide!
MUJER 1.—¡Complejo turístico[60] "Mar Azul"! ¡Compre en  20
él su chalet para el veraneo y le envidiarán sus amistades!
¡Complejo turístico "Mar Azul"!
HOMBRE 1.—¡No lo olvide!
MUJER 1.—¡Le envidiarán sus amistades!
HOMBRE 1.—¡No lo olvide!                                25

56. **su claridad de imagen** its clear picture
57. **ha quedado como embobada** is in a stupor
58. **¡El de mejor línea!** The one with the best design!
59. **¡Todo "confort"!** Fully equipped!
60. **¡Complejo turístico!** Summer housing development!

*(Música. El* HOMBRE 1 *y la* MUJER 1 *se retiran a su sitio. Se sientos, en actitud de espera.*[61] *El* HOMBRE 2 *y la* MUJER 2 *se precipitan hasta la caja. La da media vuelta y aparece, en el lado que antes quedaba escondido, otra manivela. Y así, cada*
5 *uno al lado de una, dan a sus respectivas manivelas*[62] *de un modo frenético. El* HOMBRE 1 *se ha puesto a fumar su puro. La* MUJER 1 *se contonea ante el espejo, probándose una y otra vez sus abalorios.)*

HOMBRE 2. *(A su pareja.)*—Vigila nuestro salario.
10 MUJER 2.—Vigilo.

*(Se asoma al interior de la caja.)*

HOMBRE 2.—¿Tenemos ya bastante?
MUJER 2. *(Sacando de la caja unos billetes.)*—Creo que sí.
   *(Da la mitad a su pareja. Luego, con los billetes en la*
15   *mano, se acercan a los otros.)* ¡Yo quiero un frigorífico "Polo Norte"! ¡Y un televisor "Optimus"!

*(Enseña el dinero.)*

HOMBRE 2.—¡Yo quiero un coche marca "Rodes"! ¡Y un...!

*(Pero no puede terminar su frase, ya que los otros, a dúo, le*
20                    *cortan en seco.)*[63]

HOMBRE y MUJER 1. *(A la vez.)*—¡No tenéis bastante dinero!
HOMBRE y MUJER 2. *(Desconsolados, a la vez.)*—¿No?
HOMBRE 1.—¡Tendréis que trabajar más!

---

61. **en actitud de espera** with an air of expectancy
62. **Cada uno... manivelas** each one on opposite sides of a box turns his or her respective crank
63. **ya que... en seco** since the others, speaking in unison, cut them off abruptly

MUJER 1.—¡Volved cuando tengáis más dinero!

HOMBRE 2.—¿Y cuando lo hayamos conseguido?

MUJER 2.—¿Tendremos el frigorífico?

HOMBRE 2.—¿Y el coche?

MUJER 2.—¿Y el televisor?    5

HOMBRE 2.—¿Y el chalet?

HOMBRE 1.—¡Claro que podréis tener todo eso!

MUJER 1.—¡Y mucho más!

HOMBRE y MUJER 2. (*Engolosinados.*)[64]—¿Mucho más?

HOMBRE 1.—Naturalmente. Os podremos ofrecer nuevos ar-    10
 tículos.

MUJER 1.—¡Producción y consumo! ¡Una maravilla!

HOMBRE 2. (*Como alelado.*)—¿Producción?

MUJER 2. (*Igual.*)—¿Consumo?

HOMBRE 1.—¡No hay producción sin consumo!    15

MUJER 1.—¡Ni consumo sin producción!

HOMBRE 1. (*Cogiendo otra vez el micrófono y adelantándose
al público.*)—¡Señor!...

MUJER 1. (*Haciendo lo mismo.*)—¡Señora!...

HOMBRE 1.—¡Transforme su vida en un adelanto del pa-    20
raíso!

MUJER 1.—¡Disfrutando de las maravillas de la producción
de nuestro siglo!

HOMBRE 1.—¿Quiere una lavadora?

MUJER 1.—¿Quiere un televisor?    25

HOMBRE 1.—¿Un frigorífico?

MUJER 1.—¿Un automóvil?

HOMBRE 1.—¿Un chalet en la sierra?

MUJER 1.—¿O mejor en la playa?

HOMBRE 1.—¿Un crucero por el Mediterráneo?    30

MUJER 1.—Todo ello al alcance de su mano.

HOMBRE 1.—¿No puede pagar hoy? ¡No importa! ¡Pagará
mañana!

64. **Engolosinados.** Watering at the mouth.

MUJER 1.—¡Sólo tiene que estampar su firma en un contrato de venta y todo es suyo!

HOMBRE 1.—¡Usted podrá ser dueño de lo que quiera hoy, pagando mañana!

5 MUJER 1.—¡En cómodos plazos![65]

HOMBRE 1.—¡Eso es! ¡Compre primero y trabaje después para pagarlo!

MUJER 1.—¿No es una maravilla?

HOMBRE 1.—¿No es, señoras y señores, como un adelanto
10 del paraíso?

MUJER 1.—¿No es lo que había usted soñado toda la vida?

*(Queda cortada aquí la "propaganda," ya que el* HOMBRE 2 *y la* MUJER 2, *que no han podido aguantar más, han vuelto a sus respectivas manivelas, a las que han empezado a dar*
15 *frenéticamente, con gestos de ansiedad. Al reanudar sus "trabajos" comenzó a oírse la musiquilla que acompaña el movimiento de manivela, la cual resulta, claro está, de un ritmo cada vez más rápido, a medida que* HOMBRE *y* MUJER *van acelerando sus movimientos.)[66]*

20 HOMBRE 2. *(Parando un momento.)*—¿Hay bastante ya?

MUJER 2. *(Asomándose al interior de la caja.)*—Todavía no.

*(Reanuda su tarea, con más impulso. El* HOMBRE 1 *y la* MUJER 1 *se retiran a sus sitios.)*

MUJER 1. *(Arreglándose el cabello ante el espejo.)*—¡Al fin
25 podemos vivir tranquilos!

HOMBRE 1. *(Deleitándose con su puro.)*—Mientras están

---

65. **¡En cómodos plazos!** In convenient installments!
66. **la cual resulta... sus movimientos** which results, of course, in an increasingly rapid rhythm, as Hombre and Mujer gradually accelerate their movements

pensando en lo que quieren comprar, no pensarán en cosas peores. Así les tenemos seguros.[67]

MUJER 1.—¡Dejémosles que sueñen!

HOMBRE 1.—¡Imbéciles!

*(Sigue echando humo. Mientras tanto, los otros continúan* 5 *agotándose cada vez más.)*

HOMBRE 2. *(Casi sin fuerzas.)*—Mira a ver...

MUJER 2. *(Asomándose al interior de la caja, cansadísima.)* —¡No hay bastante!...

*(Siguen dando a las manivelas.)*          10

HOMBRE 2. *(Con la lengua fuera.)*—¡Mira otra vez!...

MUJER 2. *(Asomándose de nuevo.)*—¡No hay bastante! ¡No hay bastante!...

*(Siguen dando a las manivelas hasta el agotamiento. Los otros, bien reposados, les miran y se satisfacen en sus esfuer-* 15 *zos.)*[68]

TELÓN

---

67. **Así les tenemos seguros.** In that way we have them under control.

68. **se satisfacen... esfuerzos** they feel satisfied with what they have done

## COMMENTARY

In rapid motion *Los esclavos* reviews the scramble for wealth and power that has accompanied man's evolution through the various stages of "civilization" and material progress. Since Martínez Ballesteros uses images here much as the rhetorician employs metaphor and metonymy, the reader must look beyond such symbols as "bread," "box," "crank," and "hangman's noose" to decipher the visual code.

In this brief farce, Martínez Ballesteros reaffirms Herbert Marcuse's condemnation of advertising as industry's weapon to control people's lives and echoes the proverbial warning that "money is the root of all evil." The gullible, brainwashed Pareja 2 works long hours to acquire the luxuries promoted as indispensable by the producers of the goods. Victims of a materialistic society, they have little time or energy to combat the system that selfishly uses them. In their eagerness to take on the trappings of their exploiters, they fail to utilize their one potent weapon: unity. Having accepted values imposed from without, they have, ironically, cooperated in their own enslavement.

## THE PLAYWRIGHT

For information on Antonio Martínez Ballesteros, see p. 26.

## PREGUNTAS

**I.** *(pp. 85–93)*

1. Describa la acción al empezar la obra.
2. ¿Qué pueden simbolizar el arbolito y las caretas de gorila que llevan los personajes?
3. ¿Cuál es la principal preocupación de ambas parejas?

4. ¿Qué simboliza la lucha entre los dos hombres?
5. En su opinión, ¿de dónde desciende el pan?
6. Explique por qué ambas parejas se quitan las caretas.
7. ¿Qué representan: A) Cada una de las dos parejas; B) el pan; C) el garrote?
8. ¿Cree Ud. que el "pan" y el "garrote" van juntos, como sugiere el autor?
9. ¿Por qué se le ocurre a la primera mujer dar un poco de pan a la segunda pareja?
10. ¿Qué trabajo va a realizar cada pareja?
11. ¿Qué representa la caja?
12. ¿Qué representa la manivela?

## II. *(pp. 94–103)*

1. ¿Qué come la primera pareja, y con qué van a pagar los salarios?
2. ¿Qué signos de prosperidad ostenta la primera pareja?
3. ¿Por qué quiere la primera pareja despertar deseos de lujo en la segunda pareja?
4. ¿Qué medios usa la primera pareja para provocar el deseo de posesión?
5. Mencione varios medios informativos que puede representar el micrófono.
6. ¿Qué productos se anuncian, y cómo son anunciados?
7. ¿Qué representa la segunda manivela?
8. ¿Qué tiene que hacer la segunda pareja para adquirir los artículos?
9. Cuando la segunda pareja no puede pagar en seguida, ¿qué plan inventa la primera pareja?
10. ¿Cómo tiene que trabajar ahora la segunda pareja?
11. ¿Cuál es el trabajo de la primera pareja?

## TEMAS

1. ¿Cuál es la idea básica de esta obra? ¿Le parece original o no? Comente y dé sus razones.
2. ¿Cree Ud. que el modelo económico presentado en esta obra es aplicable a los Estados Unidos y a otras sociedades modernas? Comente y explique.
3. ¿En qué sentido evolucionan y cambian ambas parejas?
4. ¿Considera Ud. que todos los hombres del mundo tienen derecho a gozar de los bienes de la primera pareja? Comente y explique.
5. En su opinión, ¿qué debe hacer la primera pareja para resolver el problema?

# El Convidado

de

**MANUEL MARTÍNEZ MEDIERO**

## *Personajes*

El Padre
El Hijo
El Convidado
El Mayordomo

*(Una mesa negra, extremadamente larga y extremadamente*
*estrecha. En los extremos de la misma,* EL PADRE *y* EL HIJO.
*En el centro y frente al espectador* EL CONVIDADO.
EL PADRE *viste de frac.*[1] *Un tipo circunspecto y enlutado de*
*angulosos y pétreos perfiles.*[2] EL HIJO, *un bigardo relamido,*    5
*tronera y mal encarado.*[3] EL CONVIDADO, *un hombre de ex-*
*presiones tiernas y agradecidas.)*

EL CONVIDADO. (*Cada vez que se lleva la cuchara a la boca.*)
   —Srrr...
EL PADRE.—Este convidado me está excitando los nervios.[4]    10
   Es un mal educado.[5]
EL HIJO.—Es amigo mío, papá.
EL PADRE.—Pues es un cabrón.
EL HIJO.—Es sordo, papá.
EL PADRE.—Sí, pero se ríe. (EL CONVIDADO *comprende que*    15
   *hablan de él y lo agradece con una tierna sonrisa.*) No
   quiero que se ría.
EL HIJO.—Pero si nos da igual...[6]

1. **viste de frac** is dressed in coat with tails
2. **de angulosos... perfiles** with an angular and harsh profile
3. **un bigardo... mal encarado** an affected, lazy person, silly and unfriendly looking
4. **me está... los nervios** is getting on my nerves
5. **Es un mal educado.** He is very rude.
6. **Pero si... igual...** But if it's all the same to us...

111

EL PADRE. (*Al* CONVIDADO.)—No se ría, cerdo de los demonios.[7] (*Pausa*.) Dile que hable. Que sea agradecido por lo menos.[8]

EL HIJO.—Es mudo, papá.

5 (EL CONVIDADO *se pone de rodillas*[9] *y le besa los pies al* PADRE *y también al* HIJO. *Después se sienta.)*

EL PADRE. (*Que parece que esto le satisface.*)—¿Dónde lo encontraste?

EL HIJO.—Es amigo de la infancia.[10] Jugábamos al aro y a
10    tirarle pellizcos en el culo a la niñera.[11]

EL PADRE. (*Que se le han escapado unos sorbos en las sopas al* CONVIDADO.)[12]—¿Pero es que no va a dejar de sorber, esta lepra de hombre?[13] Me está revolviendo las tripas.[14] Vacíale el salero en las sopas.

15 EL HIJO. (*Vaciándole un salero en las sopas.*)—Ya está. A ver si puede ahora.[15]

(EL CONVIDADO, *todo sensibilidad,*[16] *ha visto lleno de emoción cómo le vaciaban el salero.* EL CONVIDADO *se sumerge en las sopas, sorbiendo y paladeando.)*[17]

---

7. **cerdo de los demonios** you damned pig
8. **Que sea... menos.** Let him be grateful at least.
9. **se pone de rodillas** gets on his knees
10. **Es amigo... infancia.** He is a childhood friend.
11. **Jugábamos el aro... niñera.** We played with hoops and at pinching the nursemaid's ass.
12. **Que se le han... Convidado.** The Convidado has let a few sips fall back into the soup.
13. **¿Pero es que... hombre?** But isn't this untouchable going to stop slurping?
14. **Me está... tripas.** He is turning my stomach.
15. **Ya está... ahora.** That's done. Let's see if he can do it now.
16. **todo sensibilidad** full of feeling
17. **sorbiendo y paladeando** sipping and savoring

EL CONVIDADO.—Srrrrrrrrrr... Pch... Pch...
EL PADRE.—Y sigue...
EL HIJO.—Es uno de mis amigos más simpáticos.
EL PADRE.—Se está riendo de mí.

*(EL CONVIDADO, en mudo[18] dice que las sopas están ri-* 5
*quísimas[19] y le ofrece al PADRE una cucharadita.)*

EL HIJO.—Él es así. Lo hace todo con una gran bondad.
EL PADRE. *(De un manotazo le ha tirado la cuchara a la cara,*
*derramándole el líquido.)[20]*—De mí no se ríe nadie. Yo
soy un caballero de la Santa Esperanza.[21]                    10

*(Una de las gotas le ha caído en el ojo al CONVIDADO y em-*
*pieza a llorar.)*

EL HIJO.—Una de las gotas le ha caído en el ojo. Le debe escocer con la sal.
EL PADRE.—Así aprenderá a no reírse de personas de tanta  15
severidad, que lo han invitado a cenar. Nos debe agradecimiento.
EL HIJO.—Está sufriendo.
EL PADRE.—Quizá pretenda engañarnos. No debemos fiarnos. No podemos fiarnos de nadie. El mundo está  20
podrido.

*(EL CONVIDADO con su eterna sonrisa, hace intención[22] de*
*mojar el pico de la servilleta en un vaso de agua, para mitigar*
*el dolor.)*

---

18. **en mudo** in pantomime
19. **las sopas... riquísimas** the soup is very good
20. **De un manotazo... el líquido.** With one blow he has knocked the spoon
in his face, spilling the liquid on him.
21. **Yo soy... Santa Esperanza.** I am a knight of the Holy Hope. [Ironic.]
22. **hace intención** acts like he is going to

EL PADRE. (*Rojo.*)—Lo que nos faltaba por ver:[23] no tiene educación.[24] Es una bestezuela.

EL HIJO.—Su padre tenía un puesto de turrón en una feria.

EL PADRE (*Horrorosamente sorprendido.*)—¡Ah!, ¿sí?

5 *(Y en venganza por tamaña ofensa le retira el vaso.* EL CONVIDADO *mira el pico de la servilleta seco. El ojo le llora cada vez más.[25] El ojo es un manadero de lágrimas. Pero* EL CONVIDADO, *alegre y sonriente, se tapa el ojo con una de las manos mientras que con la otra sigue tomando las sopas.)*

10 EL HIJO.—No nos guarda rencor.[26] Sigue tan tranquilo.

EL PADRE.—Pues nos vengaremos. Le vaciaremos el tarro de la mostaza y le añadiremos clorato en polvo.

*(*EL HIJO *le vacía en el plato el tarro de la mostaza, mientras* EL PADRE *le diluye un sobrecito con el clorato en polvo. Ter-*
15 *minado este guiso,[27]* EL CONVIDADO, *con su amor característico, moja un trocito de pan en la puelme[28] y la empieza a degustar con exquisita fruición.)*

EL HIJO.—En el colegio era el último de la clase.[29] Un día lo echaron porque no servía para nada[30] y se orinaba en el
20 tintero del profesor.

EL PADRE.—¡Es una bazofia![31] Es de esperar que nosotros que somos tan puros no nos contaminemos.[32]

23. **Lo que... ver** That's the last straw
24. **no tiene educación** he doesn't have any manners.
25. **El ojo... más.** The tears are coming faster from his eye now.
26. **No nos guarda rencor.** He does not hold a grudge against us.
27. **Terminado este guiso** when this mixture is finished
28. **moja un trocito... puelme** sops a little bit of bread in the brew
29. **En el colegio... clase.** In school, he was at the bottom of the class.
30. **no servía para nada** he wasn't good for anything
31. **¡Es una bazofia!** He is a disgusting slob!
32. **Es de esperar... contaminemos.** Hopefully we who are so pure will not be contaminated.

EL HIJO. (*Con un gran desprecio.*)—Va por libre en la vida.[33]
EL PADRE.—Entonces no es de los nuestros.[34] ¡Es libre!
EL HIJO. (*Despreciándole totalmente.*)—Sí, ama el arte y
  esas tonterías.
EL PADRE.—¡Es un invertido! (*Saca una fusta y le da un par*    5
  *de fustazos en la cara.*) ¡Qué vergüenza!

(EL CONVIDADO *recibe el fustazo como Jesús los escarnios y
va y les ofrece tabaco. Concretamente Celtas.)*[35]

EL HIJO.—¡No!
EL PADRE. (*Asustado.*)—Nos quiere envenenar. (*Como el*    10
  *que se defiende de Satanás, de sus pompas y de sus*
  *obras.*) ¡¡¡No!!! Ofrécele tú, hijo. (EL HIJO *le ofrece un*
  *puro.* EL CONVIDADO *lo acepta y, encendiéndolo, comienza a fumar.*) Ahora verá lo que es bueno.

(*Un silencio. Hay expectación.* EL CONVIDADO *fuma con*    15
*delectación, e incluso como los buenos burgueses se estira col-
gando el dedo pulgar de la sisa del chaleco. El puro hace ex-
plosión finalmente y* EL CONVIDADO *se quema toda la cara.*)

EL HIJO.—Se lo tiene merecido.[36]
EL PADRE.—¿Es católico?    20
EL HIJO.—No. Protestante.

(EL PADRE *le atiza de nuevo al* CONVIDADO *con la fusta.*)

EL PADRE.—Ya me lo imaginaba. Esto nos servirá para ganar más indulgencias.    25

---

33. **Va por... vida.** He goes around free.
34. **de los nuestros** one of us
35. **Celtas** (a cheap and strong Spanish brand of cigarettes)
36. **Se lo tiene merecido.** He got what he deserved.

*(El Convidado se lleva la mano al vientre gritando y revolcándose de dolor.)*

El Hijo.—Ja, ja... Esto le empieza a hacer efecto. Cómo se retuerce. Mira, mira, papá... Qué gracioso está ¿verdad?
5 El Padre.—A lo mejor se muere.
El Hijo.—No creas.[37] Está acostumbrado a estas cosas. En la guerra le cortaron unos la lengua y después vinieron los otros y le trepanaron los oídos.[38] Está acostumbrado, papá.
10 El Padre.—Pero si se muere se pondrá muy feo. Yo no puedo ver sufrir. Le tendríamos que dar el tiro de gracia.[39]
El Hijo.—Es fuerte. Ya se le pasa.[40] *(El Convidado se sienta de nuevo.)* Entre tanto nos podemos seguir divir-
15    tiendo.
El Padre.—¿Qué te parece si le damos el postre?
El Hijo.—Es una buena idea. Le gustará mucho. Recordará tiempos felices.

\* \* \* \* \*

*(El Padre toca la campanilla[41] y aparece un Mayordomo.)*

20 Mayordomo. *(Es un Quasimodo para andar por casa.)*[42]— ¿Me llamaba el señor?
El Padre. *(Mirando de soslayo[43] al Convidado con sangrienta ironía.)*—El postre de nuestro convidado.

---

37. **No creas.** Don't you believe it.
38. **le trepanaron los oídos** they burst his ear drums
39. **el tiro de gracia** the death blow
40. **Ya se le pasa.** He is getting over it now.
41. **toca la campanilla** rings the little bell
42. **Es un Quasimodo... casa.** He is a domestic Quasimodo [Hunchback of Notre Dame].
43. **Mirando de soslayo** looking out of the corner of his eye

MAYORDOMO.—Como ordene el señor.

EL PADRE.—¿Se han cumplido mis órdenes?

MAYORDOMO. (*Dibujando una diabólica mueca.*)[44]—¿Es que lo duda el señor?

EL PADRE.—Así me gusta. Anda, vete...                                   5

EL HIJO.—Se va a creer que son espinacas.


(EL MAYORDOMO *se ha retirado.*)


EL PADRE.—Sí, son muy parecidas.

EL HIJO.—¿Qué te parece?

EL PADRE.—Lo dejaremos descansar un ratito y volveremos 10
sobre él con nuevas ideas.


(*Aparece el* MAYORDOMO *con el postre del* CONVIDADO.
PADRE *e* HIJO *sacan sendos pañuelos*[45] *y con ellos se tapan las
narices.*)


MAYORDOMO.—El cocinero le ha puesto unas patatas chips 15
alrededor para adornar.

EL PADRE. (*Con un asco indefinible.*)—A ver...


(*Lo mira.*)


EL HIJO. (*Conteniendo unas espasmódicas convulsiones de
asco.*)—A ver...                                                         20

MAYORDOMO.—Recién salidas de la vaca.[46]


(*La expresión del* CONVIDADO *es la del agradecimiento alquitarado.* EL CONVIDADO *se lanza hambriento sobre el plato
de excrementos y lo devora.* PADRE *e* HIJO *asisten con-
trariados a la escena.*)                                                 25


---

44. **Dibujando... mueca.** Showing a devilish grimace.
45. **sacan sendos pañuelos** take out their respective handkerchiefs
46. **Recién salidas de la vaca.** Fresh out of the cow.

EL PADRE.—Me parece que le hemos hecho un favor.

EL HIJO.—Es un cerdo.

EL PADRE.—Y se la come toda sin protestar. ¡Qué se puede esperar de hombres así! La humanidad está podrida. (*Al*
5     MAYORDOMO.) ¡La esencia!⁴⁷

(EL MAYORDOMO *refresca el ambiente con un nebulizador.)*

EL HIJO.—Y moja pan en la salsa verde.

EL PADRE.—Es para indignar a cualquiera.⁴⁸ Le gusta todo.

EL HIJO.—Lo tenemos acostumbrado, y ya no protesta por
10     nada.

EL PADRE. (*Venal.*)—Es que si protesta se come la alquería.⁴⁹

EL HIJO. (*Satisfecho.*)—Pero es el caso que⁵⁰ no puede. Es sordo y mudo.

EL PADRE.—Sin embargo, si lo dejamos en libertad puede
15     hacer molestos sonidos guturales. Luego tenemos la obligación de envenenarlo todavía más. Le obligaremos a beberse un litro de alcohol de noventa.⁵¹

EL HIJO.—Y después le obligaremos a ver el campeonato mundial de fútbol.

20 EL PADRE.—Y le pondremos también una inyección de morfina.

EL HIJO.—Y al final, le vendaremos los ojos y jugaremos con él a la gallinita ciega.⁵²

EL PADRE.—Y tendrá que poner un huevo de dos yemas.⁵³

25 EL HIJO.—Va a ser divertidísimo. Pero primero le daremos el alcohol de noventa.

EL PADRE. (*Al* MAYORDOMO.)—El alcohol en copa de plata.

---

47. **¡La esencia!** The air freshener!
48. **Es para... cualquiera.** It's enough to upset anybody.
49. **Es que... la alquería.** Because if he protests he will have to eat the whole barn.
50. **Pero es el caso que** But the fact is that
51. **alcohol de noventa** ninety-proof alcohol
52. **la gallinita ciega** blindman's buff
53. **poner un huevo... yemas** to lay an egg with two yokes

EL HIJO.—Me parece que nos quiere decir algo.

EL PADRE.—Imposible.

EL HIJO.—¿Y si le dejamos decir algo y después le damos con la fusta?

EL PADRE.—Bueno, que tenga una expansión.[54]    5

EL HIJO. (*Al* CONVIDADO.)—Grrrrrrrrgrarrrrdjruf, co...

EL CONVIDADO. (*Feliz.*)—Grrrrrrgrarrrssi.

*(Le atizan. Entra el* MAYORDOMO.*)*

MAYORDOMO.—Señor, el licor.

*(Y* EL CONVIDADO *se lo bebe de una sentada.)*[55]    10

EL HIJO.—¿Será suficiente?

EL PADRE.—Me parece que no.[56] Se relame como un gato cabrón en celo.[57]

EL HIJO.—Pues le ha gustado también. (*Al* CONVIDADO *se le pone la media lengua un poco gorda,*[58] *y empieza a cantar.*) 15
Quiere cantar.

EL PADRE.—Es el primer síntoma del enervamiento.[59]

EL HIJO.—Es una pena que no pueda cantar "Desde Santurce a Bilbao."[60] Me parece que a éste no hay quien lo enerve.    20

EL PADRE.—Le daremos alcohol de cien. (*Al* MAYORDOMO.) ¡De cien! O se enerva... o muere. Es cuestón ya de amor propio.[61]

EL HIJO.—Será como un sueño. Al fin, la paz deseada.

EL MAYORDOMO. (*Después de entrar, claro.*)—No lo tení- 25

54. **que tenga una expansión** let him rest
55. **se lo bebe... sentada** he drinks it down in one gulp
56. **Me parece que no.** I don't think so.
57. **un gato... celo** an alley cat in heat
58. **se le pone... gorda** what is left of his tongue becomes a little thick
59. **Es el primer... enervamiento.** It is the first sign of weakening.
60. **"Desde Santurce a Bilbao"** (a traditional folk song of northern Spain)
61. **de amor propio** of pride

amos de cien, he traído de ciento cincuenta. Es el que
tenemos para los recalcitrantes.

EL PADRE.—Mejor. Le estamos haciendo un favor sin él sà-
berlo.[62] No nos lo agradecerá.

5 *(Se lo ofrecen de nuevo y* EL CONVIDADO *se lo mete entre
pecho y espalda in pestañear siquiera.)*[63]

EL CONVIDADO. *(Satisfecho.)*—Aaaaaaaaaaaah...

*(Fustazo.)*

EL PADRE.—Me parece que somos víctimas de un fraude.
10 EL HIJO. *(Masoquista.)*—Queda una gota de líquido en el
vaso. Bebe tú, y así sabremos.
EL PADRE.—Sí, ya no nos podemos fiar de nadie.

*(*EL PADRE *bebe la única gota del vaso, y es un grito el que se
oye acompañado de patéticas convulsiones.)*

15 EL HIJO.—No podemos contra él[64] y asi nos paga.
EL PADRE. *(Entre gritos de dolor y fustazos.)*—¡Cerdo! ¡Canalla! ¡Rebelde! Agggggg...

*(Se lleva la mano a la garganta.)*

EL HIJO.—Pues nos vengaremos. Tengo una idea. Mojare-
20    mos la miga del pan en alcohol y le entraremos alfileres.[65]
EL PADRE.—Es un traidor. Quería asesinarme.
EL HIJO.—Ya le falta menos, ya...[66]

---

62. **sin él saberlo** without his knowing it
63. **se lo mete... siquiera** he gulps it down without batting an eye
64. **No podemos contra él** We can't do anything with this guy
65. **le entraremos alfileres** we will stick pins in it
66. **Ya le falta menos, ya...** We have almost got him now...

*(Esto lo va diciendo mientras fabrica una bola de pan, y len-*
*tamente entrándole alfileres. A todo esto* EL PADRE *se está*
*revolcando por el suelo*[67] *como una mula diciendo interjec-*
*ciones.)*

EL PADRE.—A-a-a-aguaaaaa...                                    5

*(El* MAYORDOMO *le da un vaso de agua ayudado por* EL CON-
VIDADO, *que lo mima entre sus brazos e incluso de vez en*
*cuando le besa la frente.)*

EL HIJO.—Ya está papá.[68] Te voy a vengar.

*(Se lo ofrece al* CONVIDADO *que la devora entre gritos y ayes*  10
*estremecedores.*[69] EL CONVIDADO *comienza a retorcerse*
*como una serpiente. Salta por encima de la mesa; la echa aba-*
*jo; arrastra con todo;*[70] *se llega al centro del escenario entre*
*gritos salvajes; cae de rodillas*[71] *apretándose la garganta con*
*las dos manos... Un vómito de sangre aflora en sus labios*    15
*como en un surtidor... Un último grito.* EL PADRE *saca una*
*pistola y le descerraja el tiro de gracia.*[72] *Un silencio.)*

EL PADRE.—Todo ha sido absurdo. Nadie lo invitó a compartir la mesa con nosotros.

*(Con el* Aleluya *de Handel cae el*                            20

TELÓN.*)*

---

67. **Se está revolcando por el suelo** is rolling around on the floor
68. **Ya está papá.** That does it, Daddy.
69. **ayes estremecedores** heart-rending groans
70. **arrastra con todo** he scatters everything around
71. **cae de rodillas** he falls on his knees
72. **le descerraja... gracia** he finishes him off

## COMMENTARY

*El convidado*, a grim little farce, portrays through caricature and metaphor the spectre of man's inhumanity to man as well as his pathetic insecurity when operating from a position of absolute power. This allegory has broad applications, for cruelty is all too common, and wars are fought not only on battlefields but also in businesses, schools, homes, organizations, and a whole range of personal relationships.

The title character symbolizes the persecuted of any dictatorial system, including, not incidentally, the frustrated and heavily censored opposition writers in Franco Spain. An ironic Father incarnates the paranoid despot determined to eradicate all trace of opposition. The apparently powerless Guest represents both the outcast and the individualist, the latter being a potentially dangerous element in any rigid political or social system. Toughened by adversity, he survives the "war" and its perpetuation in "peace." The Father, symbolic of the dominant class as well as the paternalistic dictator, has gone soft; witness the reaction to but one drop of the lethal brew concocted for and obediently consumed by the Guest. It is interesting to note that the unusually docile Guest has rebelled at least once: in a gesture involving the teacher's inkwell—the teacher being another symbol for the dictator—the Guest expresses himself rather graphically on the literature, the propaganda, and the expressions in general of the group in power. The triumphant strains of the *Hallelujah Chorus* provide an appropriately cynical note on which to end this grotesque illustration of the arrogance of power.

## THE PLAYWRIGHT

Manuel Martínez Mediero, born in 1937, lives and writes in Badajoz. In addition to his many published works, several of his plays have enjoyed successful commercial productions in Spain as well as abroad. He is, indeed, the least "underground" of these alienated dramatists. The most important of his full-length plays, dealing, as does *El convidado* with the abuse of power, are *Las hermanas de Búfalo Bill*, which had a long run in Madrid in 1975, and *Las planchadoras*, performed commercially in Madrid in 1978 with a top-flight cast. Other works produced in Madrid's commercial theaters include: *El bebé furioso* (1974) and *Mientras la gallina duerme* (1976). Since Franco's death, Martínez Mediero has been exploring new themes inspired by Spain's altered situation. A characteristic work written in 1978 is *La banda que j.... virtuosamente*, a parody on the political changes in contemporary Spain.

For additional information, consult: Manuel Martínez Mediero, *Teatro antropofágico* (Madrid: Fundamentos, 1978); and George E. Wellwarth, *Spanish Underground Drama* (University Park: The Pennsylvania State University Press, 1972).

## PREGUNTAS

I. *(pp. 111–116)*

1. Describa el escenario.
2. ¿Qué valor simbólico puede tener aquí el color negro?
3. ¿Cuál parece ser el nivel económico de los tres personajes? ¿Cómo lo sabemos?
4. ¿Qué efecto producen en el lector los adjetivos extremos que el autor usa para describir los objetos y personas en la escena?
5. ¿Qué limitaciones físicas tiene el Convidado?
6. ¿Cómo se porta el Convidado con el Padre y el Hijo?
7. ¿Cómo se conocieron el Hijo y el Convidado?
8. ¿Qué le echan primero en las sopas al Convidado?
9. ¿Por qué empieza a llorar el Convidado?
10. ¿Qué trabajo hacía el padre del Convidado?
11. ¿Cómo reacciona el Padre? ¿Por qué?
12. ¿Qué dice el Hijo acerca del Convidado en el colegio?

Qué puede significar lo que hizo en el tintero del maestro?

13. Se dice que el Convidado recibe el fustazo como Jesús los escarnios. ¿En qué aspecto se parece el Convidado a Jesús? ¿En qué aspectos se puede comparar su situación con la de Jesús?

14. ¿Qué religión tiene el Convidado? ¿Qué pueden sugerir las palabras "católico" y "protestante" en este contexto?

15. ¿Qué le hicieron al Convidado en la guerra?

**II.** *(pp. 116–121)*

1. ¿Cuál es el postre que le sirven al Convidado?
2. ¿Por qué cree Ud. que el Convidado no protesta? Dé varias razones.
3. Mencione varios tormentos que sufre el Convidado.
4. ¿Por qué cree Ud. que Padre e Hijo se divierten tanto atormentando al Convidado?
5. ¿Qué pasa cuando el Padre prueba una gota de alcohol?
6. Explique las implicaciones de las dos reacciones diferentes.
7. ¿Cómo reacciona el Convidado frente al sufrimiento del Padre? ¿Cómo explica Ud. esta actitud?
8. ¿Cuál es la venganza final del Hijo?
9. ¿Cómo muere por fin el Convidado?
10. ¿Por qué, según el Padre, ha sido absurda toda esta escena?

## TEMAS

1. Explique las siguientes alusiones simbólicas: A) la mudez del Convidado; B) la crueldad de Padre e Hijo; C) la pasividad del Convidado; D) el paternalismo irónico del

Padre; E) el "postre" que consume el Convidado; F) lo que hizo el Convidado en el tintero del maestro.

2. *El convidado* como alegoría política. Pensando en la dictadura de Franco o en cualquier dictadura, ¿Qué pueden simbolizar los personajes en tales sistemas?

3. *El convidado* como alegoría social. Piense, por ejemplo en: A) la familia; B) la escuela; C) la fraternidad o la sororidad; D) el empleo, etc. Piense también en conflictos entre personas de: A) distintas generaciones; B) distintas creencias religiosas of filosóficas; C) distintos grupos económicos; D) distintas ideas políticas; etc.

4. En *El convidado*, ¿quiénes pueden representar a los vencedores y quiénes a los vencidos de la Guerra Civil? ¿cuál es la actitud del autor hacia ambos bandos?

5. ¿Les importa a los padres de Ud. la posición social, económica o política de sus amigos? Explique.

6. En su opinión, ¿es mejor tragar todo sin decir nada, o es mejor protestar? (Piense Ud. en varias situaciones: la familia, la escuela, el trabajo, los clubs, el matrimonio, la iglesia, el gobierno, etc.)

7. ¿Qué diversiones a base de la crueldad conoce Ud.?

8. ¿Cree Ud. que la crueldad es una faceta del carácter humano imposible de erradicar? Comente y explique.

## RESUMEN DEL TEMA: EL ABUSO DEL PODER

1. Compare y contraste el uso de la violencia en *Los esclavos* y en *El convidado*.

2. Cite unos ejemplos del abuso del poder que Ud. conoce personalmente o por referencia.

# La Cuestión Femenina

# La Secretaria

de

JOSÉ RUIBAL

# *Personaje*

## Secretaria

*(Sobre un diván está durmiendo la* SECRETARIA. *A su lado, sobre un cajón vacío, hay un despertador próximo a las dieciséis,*[1] *hora en que sonará. Sentados, con la cabeza apoyada sobre la máquina de escribir, duermen dos* BURÓCRATAS. *Los muebles, de diversos estilos antiguos,* 5 *están totalmente desvencijados. Se ven botellas descorchadas y restos de comida.)*

*(Cuando suena el despertador, la* SECRETARIA, *somnolienta, se incorpora, mientras los otros siguen durmiendo. La mujer bosteza, estira sus brazos, de carnes ya vencidas, alza sus* 10 *pechos caídos,*[2] *se arregla el pelo, quemado por los tintes, y salta al suelo. Calza los zapatos, se sube las medias, luciendo piernas todavía hermosas. Vuelta de espaldas,*[3] *como escondiéndose de sí misma, aprieta la cincha de la faja, metiendo en cintura tripas y rollos, delatores de sus horas de vuelo.*[4] 15 *Detrás de unos trastos encuentra su cartera. Saca un brillante collar de fantasía,*[5] *espejo, barra de labios y colorete.*[6] *Aunque gastada, el color reanima su pasado esplendor. Coquetea,*

1. **próximo a las dieciséis** close to 4:00 PM
2. **de carnes ya vencidas... caídos** with flesh past its prime... she raises her sagging breasts
3. **vuelta de espaldas** with her back turned
4. **metiendo en cintura... vuelo** controlling the rolls of flab which give away the time spent sitting at her desk
5. **collar de fantasía** costume-jewelry necklace
6. **barra de labios y colorete** lipstick and rouge

*meneando su belleza en repliegue,*[7] *y se dispone a irse. Ya en* *la puerta, chasquea los dedos al darse cuenta que se ha* *olvidado de sus guantes. Comienza a buscarlos, empujando y* *derribando cuanto le sale al paso.*[8] *Se pone cada vez más* 5 *furiosa.)*

SECRETARIA.—¡Mis guantes! ¿Quién se tragó mis guantes? ¿Cómo voy a salir sin guantes? ¿Cómo voy a dar la mano a la gente enguantada? (*Grita al oído de un* BURÓCRATA.) ¡Mis guantes! Me dais un asco increíble.[9] 10 ¡Ay, qué desgraciada soy! ¡Pobre de mí! Pero no debo llorar aquí. Y ante todo, cuidemos las formas.[10] (*Sonriente y soñadora.*) ¡Oh, si volviera a tener veinte años! ¡Mis veinte añitos! ¡Qué derroche![11] ¿Y dónde estaba yo a los veinte años...? (*Se hace la ilusión de que* 15 *vuelve a tenerlos, pavoneándose sensual y delicada.*)[12] ¡Oh! ¿Cómo está usted, señor Supergerente...[13] ¿Que si quiero ser su secretaria particular?[14] Con mucho gusto; usted manda,[15] señor Supergerente. ¿Que sí sé taquimecanografía? (*Negando.*) ¡Es una palabra 20 larguísima! Pero sé todo lo demás. De acuerdo: lo que no sepa me lo enseña usted. ¡Me gusta tanto tratar con personas mayores...! (*Sorprendida.*) Sí. Ayer cumplí veintidós años.[16] (*Decepcionada.*) ¡Cómo! ¿Me trasladan al

7. **meneando su belleza en repliegue** flaunting her beauty [ironic]
8. **cuanto le sale al paso** everything that gets in her way
9. **Me dais... increíble.** You disgust me beyond belief.
10. **Y ante todo... formas.** And above all, let's be careful about appearances.
11. **¡Mis veinte añitos! ¡Qué derroche!** That wonderful age of twenty! What a waste!
12. **Se hace la ilusión... y delicada.** She imagines she is twenty again, strutting sensually and delicately.
13. **señor Supergerente** Mr. Superboss
14. **¿Que si quiero... particular?** You're asking if I want to be your private secretary?
15. **usted manda** whatever you say
16. **Ayer cumplí... años** Yesterday I was twenty-two.

_tener antojos de_ = crave

despacho del señor Gerente? (*De nuevo optimista.*) ¡Ah!
Ya entiendo: es un ascenso. Muchas gracias, señor
Supergerente. (*Recoge sus cosas.*) Bajaré a ocupar mi
nuevo cargo. Muy buenos días, señor. (*Sale y entra en el
piso de abajo, saludando ceremoniosamente.*) A sus   5
órdenes, señor Gerente. Sí. Soy su nueva secretaria particular. ¿Que si sé...? ¡Pues no voy a saber![17] (*Se menea
provocativa.*) He trabajado dos años al lado del
Supergerente, pero usted le gana en todo.[18] ¿Así que su
mujer se cela? Comprendo. También yo me celaría si en   10
vez de ser su secretaria particular fuera su esposa particular. (*Suelta una carcajada como producida por cosquillas.*)[19] ¡Qué hombre más competente es usted! (*Se
menea como culebra al sol.*) Muchas gracias por el
regalito. ¡Cómo pasa el ţiempo! Llevo ya cinco años en   15
esta oficina y se me antoja[20] que fue ayer cuando entré
por esa puerta (*Sorprendida.*) ¡Qué! ¿Me echa de su
lado?[21] ¡Oh! ¿Se trata de un ascenso? (*Comprediendo.*)
Ya sé; me destinan al despacho del Menos Gerente.
(*Añorando el pasado.*) Pero nunca me olvidaré de usted.   20
Primero, una vive de realidades; luego, de recuerdos. Y
así vamos barajando el tiempo. Le seré franca: me
había..., ¿cómo decirlo...?[22] acostumbrado a sus
modales. Ello me hace abrigar un temor ante el nuevo
destino.[23] No sé si lograré adaptarme a las exigencias de   25
mi futuro jefe. (*Sobreponiéndose.*) Pero un ascenso es
siempre un ascenso. ¡Qué caray! Yo tengo mis ambiciones. Me voy abajo. Llámeme cuando me eche de

17. **¡Pues no voy a saber!** Of course I know!
18. **pero usted le gana en todo** but you've got it all over him
19. **como... cosquillas** as if produced by tickling
20. **Llevo ya... y se me antoja** I have already been in this office for five years
and it seems to me
21. **¿Me echa de su lado?** Are you throwing me out?
22. **¿cómo decirlo?** How shall I say it?
23. **el nuevo destino** the new job

menos. Hasta prontito, señor Gerente. (*Sale emo-
cionada.*) No se olvide de mí. (*Recoge sus cosas, se
despide, sale, y entra en el despacho de abajo.*) Buenos
días, señor Menos Gerente.[24]  Soy su nueva secretaria
particular. ¡Cómo! ¿Que no me necesita para nada?
(*Aparte.*) Marica. ¿Así que usted sólo usa secretarios,
no? (*Aspira.*) ¡Oh! ¡Qué perfume de almendros en flor!
Si no me burlo. Simplemente olfateo el aroma eficiente
de esta sección. ¿La más concurrida de la empresa? No
hace falta que me lo jure.[25] Le creo. Soy creyente. Sí, eso
es cierto. Las secretarias sufrimos inexorables lunas; en
cambio, sus girasoles están siempre a punto de
caramelo.[26] ¡Ojo con la menta...![27] (*Sale dando un
violento portazo.[28] Queda un instante indecisa, de-
rrotada. Luego se dispone a seguir bajando escaleras.*)
¡Me ascenderé yo misma! (*Entra en el nuevo despacho.*)
¿Cómo está usted, señor Nada Gerente?[29] Soy su nueva
secretaria particular. Estoy encantada de tener un jefe de
tan buena presencia.[30] ¿Que está cubierta la plaza? ¡Pues
no hay derecho! ¿Y no voy a ofenderme? ¿O cree que
acabo de caerme de un nido?[31] Se equivoca. Llevo ya
siete años en la empresa y llego a este puesto por riguroso
turno de antigüedad.[32] ¡De modo que por eso mismo no
me necesita! ¿Así que tiene la desfachatez de no respetar

24. **señor Menos Gerente** Mr. Lesser Boss
25. **No hace falta... jure.** You don't need to swear it to me.
26. **Las secretarias sufrimos... a punto de caramelo.** We secretaries have to
put up with recurring monthly periods; on the other hand, our breasts are
always inviting.
27. **¡Ojo con la menta!** Watch out for aphrodisiacs!
28. **Sale... un portazo.** She goes out slamming the door very hard.
29. **señor Nada Gerente** Mr. Nothing Boss
30. **un jefe... presencia** a boss who is so nicely dressed
31. **¿Que está cubierta... caerme de un nido?** You say the position is filled?
Well you have no right to do that! Why shouldn't I be offended? Or do you
think I was born yesterday?
32. **por riguroso... antigüedad** by a rigorous seniority system

el escalafón, cubriendo los puestos de ascenso con secretarias novatas, apañadas por ahí, sin la menor experiencia? ¡Buena anda la empresa![33] (*Recibiendo una noticia agradable.*) ¡Oh, gracias, señor Nada Gerente! ¿De modo que debo presentarme en el despacho del 5 señor Menos Que Nada,[34] un pisito más abajo? Hoy he tenido suerte: dos ascensos (*Indicando descensos.*) de un golpe. Buenos días. (*Sale, baja, abre varias puertas y entra.*) ¡Caramba, mi querido señor Menos Que Nada! (*Le da la mano.*) Cuánto me alegra trabajar a su lado. (*Sin- 10 tiéndose gastada.*) Nada mejor que vivir entre la juventud: contagia su entusiasmo. ¿De veras que no sabe quién soy? Adivine. Eso mismo. No entiendo jota.[35] (*Retrocede, asombrada.*) ¿Que no tiene usted secretaria particular fija? (*Avanzando, optimista.*) Comprendo: 15 utiliza varias secretarias a la vez. Eso quiere decir que es usted un funcionario muy activo. ¡Me encanta la gente así! (*Vaporosa.*) ¡Oh, la actividad! Hace diez años, cuando comencé a trabajar al lado del señor Supergerente, me aburría un disparate.[36] ¡El pobre señor casi me tenía de 20 adorno! Gracias a mi propia actividad no me moría de tedio. (*Se menea con maestría.*) ¡Nunca pude estar sin hacer nada! Poseo una gran experiencia. (*Saca un cigarrillo y fuma haciendo piruetas con el humo. Transición al estado actual. Se sienta de mala manera.*)[37] Y así..., 25 así..., así... (*Va indicando descensos*) hasta tres pisitos más de ascensos. Es curioso: un hombre puede comenzar en la portería[38] y terminar siendo Supergerente. En cambio, las mujeres empezamos en el despacho del Super-

---

33. **¡Buena anda la empresa!** That's a helluva way to run the company!
34. **del señor Menos Que Nada** of Mr. Less-Than-Nothing
35. **Eso mismo... jota.** That's it. I don't understand anything.
36. **me aburría un disparate** I was bored silly
37. **de mala manera** clumsily
38. **en la portería** as a custodian

gerente y terminamos en la portería. Evidentemente
somos sexos de signo contrario. (*Recupera algo su rumbo anterior*.) ¡Oh, no crean que trabajo en esta sección!
Estoy en el piso de arriba. (*Ligera*.) Aquí estoy..., como
5   quien dice..., haciendo oposiciones.[39] Desde luego. Venir
a este despacho me supondría un nuevo ascenso. Pero ya
estoy cansada. ¡Siempre la secretaria... particular!
¡Estoy harta![40] Toda una vida por unos trapos lujosos. Y
en este mercado infernal, donde mis piernas valen más
10   que toda mi persona,[41] ¿qué otra cosa hubiera podido
ser...? Nadie me quiso. Tampoco yo me enamoré gran
cosa,[42] ni por mucho tiempo. Amores de estación, como
las flores. Me moriré de vieja con el corazón intacto.
¿Morirme de vieja? Eso nunca. Me arrojaré al tren. Hará
15   papilla mi corazón intacto...[43] Pero será mejor que me
tire al mar. Sus rizos acarician mi cuerpo hasta la orilla.
Todavía seré un cadáver bastante hermoso... ¡Adiós, voy
a morir...! ¿Pero dónde diablos estarán metidos mis
guantes?[44] (*Los encuentra fácilmente*.) Aparecieron de
20   pronto. Es indicio de que alguien vela para que se cumpla
mi destino. (*Llora*.) ¡Me arrojaré al mar! (*Sale decidida.
Vuelve a entrar*.) ¡Felicitadme, queridos! ¡Felicitadme!
Me han ascendido. ¡Vengo a trabajar aquí!

(*Se sienta en el suelo. Los* BURÓCRATAS *se despiertan y
25   teclean torpemente en sus máquinas de escribir*.)

OSCURO

---

39. **como quien dice... oposiciones** so to speak... taking competitive examinations
40. **¡Estoy harta!** I've had it!
41. **Y en este mercado... mi persona** And in this horrible marketplace where my legs are worth more than I as a person
42. **Tampoco... gran cosa** I never felt very much in love either
43. **Hará papilla... intacto.** It will make short work of my unbroken heart.
44. **¿Pero dónde diablos... guantes?** But where the devil can my gloves be?

## COMMENTARY

In *La secretaria*, a cabaret-theater piece performed in Madrid in 1969, Ruibal has created a social allegory. In selecting the monologue over other possible forms of exposition, he emphasizes the loneliness of the individual's struggle against the organization. Through form as well as through character—the female office worker exploited by virtue of her position as well as her sex—Ruibal underscores the weakness, helplessness, and isolation of the simple office clerk. While Ruibal intends to make the dilemma of all workers caught in a bureaucratic web more dramatic and odious through the doubly alienated woman, he also succinctly dramatizes some of the major concerns of modern women in their struggle for recognition in a male-dominated society. Among other things, he shows the different career trajectories of the man as worker and the woman as sex object: while the worker begins at twenty a career which usually approaches its zenith after forty, the "career" of the sex object peaks in her youth and goes downhill as she ages. Ruibal's portrayal of people enslaved by a hierarchy structured to perpetuate dependency and submission condemns as well those systems that demand of subordinates mindless compliance. This allegory serves as a double-edged sword, for Ruibal condemns not only the abuse of labor by management but the exploitation of women by men.

## THE PLAYWRIGHT

José Ruibal, born in Pontevedra (Galicia) in 1925, has spent many years in Madrid and abroad. A journalist as well as the author of approximately twenty plays, he has been the most personally visible of the "underground" playwrights as well as a major exponent of the NTE (Nuevo Teatro Español), an organization of dramatists searching for new means of expression, most of which involve abstract forms of political or social allegory. Ruibal's plays have been performed and published in English, German, and Polish as well as in Spanish. As an important representative of the Spanish "underground" theater, Ruibal has lectured extensively in Spain and in the United States on various aspects of Spanish theater.

Some of Ruibal's better-known plays are: *El hombre y la mosca*, *Los mendigos*, *El mono piadoso*, *Su majestad la sota*, *Seis piezas de café-teatro* and *La máquina de pedir*.

For additional information, consult the following two books by George E. Wellwarth: *Spanish Underground Drama* (University Park: The Pennsylvania State University Press, 1972), and *The New Wave Spanish Drama* (New York: New York University Press, 1970). In addition, see the following two books by José Ruibal: *El mono piadoso y seis piezas de café teatro* (Madrid: Escelicer, 1969), and *La máquina de pedir* (México: Siglo XXI, 1970). Also see Francisco Ruiz Ramón, *Historia del teatro español. Siglo XX* (Madrid: Cátedra, 1977).

## PREGUNTAS

1. Describa el escenario al empezar la obra. Mencione los artículos y las personas que se ven.

2. Describa el aspecto y las acciones de la Secretaria al despertarse.

3. ¿Qué busca la Secretaria, y por qué le parecen tan importantes estos artículos?

4. ¿Qué recuerda la Secretaria de sus veinte añitos? ¿Cuál era su actitud con el Super Gerente?

5. ¿A dónde trasladan a la Secretaria a los veintidós años? ¿Por qué cree Ud. que la trasladan? Representa este cambio un ascenso o un descenso? Comente y explique.

6. ¿Cómo se comporta la Secretaria con sus jefes? ¿Cuáles parecen ser las cualidades más deseables en ella?

7. Cuando la Secretaria baja al despacho del señor Menos Gerente, ¿por qué piensa ella que él no la necesita?

8. ¿Cuántos años tenía la Secretaria cuando alcanzó su puesto más importante? ¿Cree Ud. que el Supergerente era de su misma edad? ¿Qué implican estas diferencias de edades?
9. ¿Cómo ha sido la vida amorosa de la Secretaria?
10. ¿Qué piensa hacer la Secretaria al encontrarse tan desesperada?
11. ¿Qué decide hacer al final?

## TEMAS

1. ¿Conoce Ud. casos parecidos al de la Secretaria de esta obra? Piense tanto en casos que Ud. conoce personalmente como en otros descritos en la prensa (i.e. secretarias de políticos, de funcionarios públicos, de médicos, de grandes empresarios, etc.)
2. ¿Qué posibilidades de mejoramiento profesional tienen aquellos empleados de categoría menor en el mundo de los negocios?
3. ¿Qué cualidades considera Ud. que busca un jefe al elegir un empleado (sea hombre o mujer)? En su opinión, ¿qué aspectos tienen mayor prioridad: el aspecto físico, la edad, el sexo, la personalidad, la preparación profesional, la experiencia? ¿Se aplica esto a todas las profesiones?
4. ¿Cree Ud. que sigue siendo difícil que una mujer llegue a ocupar altas posiciones en la vida profesional? ¿Se aplica esto a todas las profesiones? Comente y explique su opinión al respecto.
5. En los tiempos modernos, ¿por qué no ha sido costumbre que los hombres ocupen posiciones como secretarios particulares? ¿Qué piensa Ud. sobre esta posibilidad?

# El Tálamo

de

**EDUARDO QUILES**

# *Personaje*

Alejandra

*(Antes de iluminarse la escena, brota la Marcha Nupcial[1] entre clamor de multitudes y en medio de exclamaciones como: ¡Vivan los novios! ¡Qué linda es! ¡Arroz para los recién casados! ¡Parecen estrellas de Hollywood! ¡Se dice que la peinó Aleixandre! ¡Que la maquilló Helena Rubinstein! Que la vistió Pierre Cardin... ¡Son una pareja maravillosa! ¡Felicidades! ¡Muchas felicidades!... Después, y a coro, el gentío entona: "Porque son unos buenos muchachos,[2] porque son unos buenos muchachos..." Ahora los reflectores alumbran a Alejandra, una mujer más bien asténica, cuya belleza exhibe los estragos de una vida anímicamente conflictiva.[3] Surgió en traje de novia y en la mano enarbola el ramo de azahar,[4] que aspira. Al enmudecer música y rumores, otea con ansiedad la impersonal y fría recámara, donde un lecho descomunal invade la alcoba.[5] La mirada de Alejandra fluctúa hasta posarse[6] en los almohadones del lecho, algo distanciados. Sus ojos viajan hacia el tocador y finaliza su examen[7] en el perchero, del cual pende un sombrero de copa.)[8]*

1. **brota la Marcha Nupcial** the music of Mendelssohn's "Wedding March" is heard
2. **"Porque son unos buenos muchachos"** "For they are a wonderful couple"
3. **anímicamente conflictiva** with emotional stress
4. **ramo de azahar** bridal spray of orange blossoms
5. **invade la alcoba** takes up the whole bedroom
6. **La mirada... hasta posarse** Alejandra looks around the room until she fixes her attention on
7. **finaliza su examen** ends her inspection
8. **un sombrero de copa** a top hat

ALEJANDRA.—Tralalá... lalá... (*Pausa.*) Qué feliz me siento, amor, qué maravillosamente dichosa... (*Sigue girando tras sus talones[9] mientras tararea el vals.*) Tralalá... lalá... lalá... lalá... (*Pausa.*) Fue todo tan sublime...
5  como en un cuento de hadas... (*Pausa.*) La catedral gótica engalanada... Nuestros amigos e invitados... (*Pausa.*) Y luego, tú y yo... del brazo de nuestros flamantes padrinos...[10] (*Pausa.*) Cuando interpretó el órgano a Mendelssohn[11]...! ¡Ah! Cuando sonó
10  Mendelssohn... creí que iba a desmayarme... ¿Te figuras? Una novia desmayada en los brazos de su bello galán... ¡Qué romántico! ¿No, amor? (*Pausa.*) La-rá-la-rá... La-ralará... (*Pausa.*) ¿Está tibia el agua del baño...? Creo que acerté en su temperatura[12]... (*Pausa.*) Por eso
15  no respiras, bribonzuelo... (*Pausa.*) ¡Oh, qué loca alegría! (*Gira por la alcoba.*) ¡Por fin llegó el día! Mi día. Mi momento fabuloso... Por fin se realizaron mis más caros sueños... ¿Sabes? Toda mujer siente en el fondo, aunque sea en el inconsciente... un vago temor... ¿Lo
20  digo?[13] Es que me da algo de vergüenza... ¡Bah! ¿Lo vomito ya?[14] ¡De quedarse soltera! De no realizarse[15] como novia, como madre, como amante y colega del hombre... (*Pausa.*) Una vida sin un camino a recorrer[16] no es vida... (*Pausa.*) Por otro lado... una oye contar...
25  entre puntos suspensivos[17]... entre abstractas frases la

---

9. **Sigue girando... talones** She goes dancing around on her heels
10. **del brazo de... padrinos** arm in arm with our brand-new attendants of honor
11. **Cuando interpretó... Mendelssohn.** When the organ played Mendelssohn.
12. **acerté... temperatura** I got the temperature just right
13. **¿Lo digo?** Shall I say it?
14. **¿Lo vomito ya?** Shall I let it all out?
15. **De no realizarse** Of not fulfilling herself
16. **sin un camino a recorrer** without a purpose
17. **entre puntos suspensivos** between the pauses

primera noche de amor... (*Pausa.*) Creo que toda mi
historia se cifró en pensar, intuir, meditar, imaginar...
mi primera y maravillosa noche de amor...... (*Pausa.*)
Vosotros no os preguntáis[18] esas cosas... ¿verdad? Es
natural... (*Pausa.*) Vosotros soléis llegar a la noche de  5
bodas con más o menos experiencia... (*Pausa.*) No lo
reprocho... Es lógico... Sois los hombres... ¡El Hombre!
(*Pausa.*) Pero yo... nunca pensé... (*Pausa.*) ¿Te portarás
bien?[19] Una amiga me contó que otra amiga libró tan
sangrienta lucha nupcial que hubo que[20]... que hubo 10
que... (*Pausa.*) Tú eres un noble caballero... (*Pausa.*)
¿No me atacarás como un simio fiero a su dulce
monita...? (*Pausa. Menos sugestionada.*) ¡Ehhh! ¿Que
no estás en el Pacífico meciéndote entre las blandas
olas?... ¡Deja de chapotear, marido...! (*Pausa.*) 15
¿Marido? Mi marido... (*Pausa.*) Al fin tengo un
marido... (*Pausa.*) Ja. Ja. Ja. No lo puedo creer. Yo...
¿un marido? (*Pausa.*) Sí, lo tengo, es mío, me pertenece,
me lo he ganado, lo he adquirido, es mío, mío para hoy,
para mañana, para siempre, es tan mío como mis 20
muñecas de la infancia... (*Pausa.*) Poseo un hombre
recio y poderoso que me dará amparo y protección...
(*Pausa.*) Nadie me hará daño..., ya no tengo porqué[21]
tener miedo a la vida... Tengo un guardaespaldas para la
eternidad... (*Pausa.*) Un fornido guardia que mide un 25
metro ochenta y cinco y pesa cien kilos de músculos[22]...
Ja. Ja. Ja. (*Ríe como una adolescente.*) ¡Y qué bíceps
tiene el tío! ¡Y qué puños...! Podía... podía haber sido
un campeón del cuadrilátero[23]... (*Pausa.*) Y en la época

---

18. **Vosotros... preguntáis** You men don't ask yourselves
19. **¿Te portarás bien?** Will you be kind?
20. **libró tan sangrienta... hubo que** had such a horrible struggle on her wedding night that it was necessary to...
21. **ya no tengo porqué** I no longer have any reason
22. **que mide... de músculos** who is almost 6 feet tall and 220 lbs. of muscle
23. **un campeón del cuadrilátero** a boxing champion

de los Césares... un invencible gladiador en la arena...
(*Pausa.*) Y en Troya se hubiera podido medir con el
mismo Aquiles[24]... (*Pausa.*) Y un bello caballero andante
en el medioevo... (*Pausa.*) En el Renacimiento hubiera
5  sido el modelo ideal para un Miguel Ángel[25]... (*Pausa.*) Y
en la época dorada de Hollywood habría anulado al
mismo Gary Cooper... (*Pausa.*) ¡En fin! Que aún ignoro
cómo un ser tan fantástico vino a poner sus ojos en[26]...
en... (*Pausa.*) ¡Qué maravillosa noche nos aguarda! No
10  pegaré ojo[27]... (*Pausa.*) Quiero entregarme... quiero
darme toda... entera... total... sin falsos pudores... ni
engañosas virtudes... (*Pausa.*) Seré... (*Mira hacia el
baño.*) seré tuya... tanto como la leona de su macho..., y
no tiembles, amor mío, que no soy una mantis religiosa[28]
15  que se zampa al cónyuge luego de la cópula[29]... (*Pausa.*)
Soy... La Mujer... con todo lo que esto entraña: dulce,
mimosa, obediente, leal, respetuosa, organizada para
cuidar, adorar y obedecer... (*Pausa.*) Soy el placer y el
reposo del guerrero... ¡No aspiro a otra cosa...! (*Volup-*
20  *tuosa*) Amo y señor[30]... ¿vas a cambiar una turbulenta
noche de amor por un baño...? (*Pulsa el magnetófono.*)
Es... mi vals preferido... El vals de los Bosques de
Viena[31]... ¡Me fascina Strauss...! (*Danza como si fuera
enlazada por el sombrero de copa.*) ¿Me permites una
25  pregunta? ¿Una tan sólo?[32] (*De sopetón.*)[33] ¿Cuántas

---

24. **se hubiera podido... Aquiles** he could have stood up against Achilles
himself
25. **Miguel Ángel** Michelangelo
26. **vino a poner... en** happened to set his eyes on
27. **No pegaré ojo.** I won't sleep a wink.
28. **una mantis religiosa** a praying mantis
29. **se zampa... cópula** gobbles up the mate right after copulation
30. **Amo y señor** My lord and master
31. **El vals... Viena** Waltz of the Vienna Woods
32. **¿Una tan sólo?** Just one?
33. **De sopetón** Suddenly

veces has...? (*Pausa.*) Quiero decir... ¿cuántas mujeres gozaste?[34] (*Pausa.*) No lo quieres decir, ¿eh, pillín? (*Pausa.*) ¿Una? ¿Diez? ¿Ciento quince? (*Pausa.*) Sé que tienes experiencia... mucha experiencia... (*Pausa.*) En cambio yo... no sé apenas nada... Aunque miento... 5 (*Pausa.*) Oí algo... comenté con amigas... Y además leí libros, cientos de libros... (*Pausa.*) *Educación sexual... La primera noche de amor... Técnicas modernas sexuales...* Todo sobre el sexo... (*Pausa.*) ¿Sabes... (*Cesa el vals, y ella cuelga el sombrero de copa.*) sabes, cariño, 10 por qué hay tanto texto publicado sobre[35]... sobre...? (*Pausa.*) ¿Debe ser necesario, verdad? Sobre todo para nosotras, las doncellas vírgenes... (*Pausa.*) Pero devoré más títulos... *Vida sexual y conyugal... Lo que toda mujer debe saber... Lo que toda mujer no debe ignorar...* 15 *Escuela del amor y del matrimonio... El arte de amar...* (*Pausa.*) ¿Qué te creías? ¿Que te casabas con una inexperta? ¡Pues trágate esa píldora![36] Ja. Ja. Ja.... (*Escudriña el baño de lejos, luego otea una mesita donde hay copas y una botella de champaña.*) O sales de 20 inmediato o inauguro[37] el champaña. Te doy cinco segundos... (*Pausa.*) Uno... dos... tres... cuatro... y ¡cinco! (*Descorcha con estrépito la botella y escancia una copa.*) ¡Ah, qué rico está![38] ¿Qué marca es? (*Lee la etiqueta.*) ¡Ajá! (*Pausa.*) Te perdiste el primer trago por 25 jugar a los hombres-ranas[39]... (*Pausa.*) Oye... ¿qué método practicaremos para amarnos? ¿Sabes? ¿No te enojarás si te digo...? (*Extrae de la mesilla un fardo de libros.*) ¡Traje todos los libros sobre el amor...! Sí.

---

34. **¿Cuántas mujeres gozaste?** How many women have you had?
35. **hay tanto... sobre** there are so many books published on
36. **¡Pues trágate esa píldora!** Swallow that story if you want to!
37. **inauguro** I'll open up
38. **¡Ah, qué rico está!** Oh, how delicious it is!
39. **por jugar... hombres-ranas** for playing frogman

¡Todos! Y piense que será mi lectura matutina y vesper-
tina... (*Pausa.*) Por cierto... ¿qué método practicaremos
para amarnos? (*Ríe lujuriosa.*) Sé de uno... ¡Y me
ruboriza el decírtelo![40] Pues estoy convencida... con tan-
5    ta aventura amorosa ¡qué bandidazo![41] Lo ignoras... Y
es una técnica más para el macho que para la hembra...
(*Pausa.*) ¿Lo suelto ya?[42] Bueno, dijimos que nada de
tapujos,[43] ni falsos pudores... (*Pausa.*) ¡El método *carezza*![44] ¿lo oiste alguna vez? ¡Ignorante! (*Pausa.*) Es el que
10   más nos conviene... (*Pausa.*) Podemos pasar instantes
fabulosos de placer sin que vaya en detrimento de tu
vigor[45]... ¿Me sigues? Conozco infinidad de casadas que
están histéricas o les tienta la idea del amante por culpa
de... del... ¡Y es lo que yo digo![46] Son dos sexualidades
15   distintas.... El varón es más impetuoso aunque se
desinfla antes... (*Pausa.*) En cambio, nosotras somos
más pasivas... pero sólo al principio y luego... luego...
(*Pausa.*) ¡Es todo tan embarazoso! Por ello, y por otras
causas, en la cultura oriental..., concretamente en el
20   yoga existe una técnica para que haya plenitud en la pareja,[47] al tiempo que el hombre queda en óptimas condiciones para amar noches enteras sin el menor asomo de...
(*Pausa.*) *Ca-rez-za*... ¿lo habías oido? Imagino que no...

* * * * *

Tú eres un hombre ocupadísimo, un hombre prestigioso
25   de empresa... ¡Me dislocan los hombres de prestigiosas

40. **¡Y me... decírtelo!** And it makes me blush to tell you about it!
41. **¡qué bandidazo!** What a playboy!
42. **¿Lo suelto ya?** Shall I tell you about it now?
43. **que... tapujos** that there would be nothing hidden
44. **carezza** caress [Italian]
45. **sin que vaya... vigor** without detriment to your potency
46. **por culpa de... yo digo!** because of... of... And it is just what I say!
47. **para que... pareja** so that there will be full satisfaction for both partners

firmas!... Apenas tenéis tiempo para nada... (*Pausa.*)
Siempre viajando, siempre de asambleas,[48] siempre de
estudios de mercado, planificando, organizando, in-
troduciendo... ¡Sois maravillosos! Ganáis montañas de
billetes[49]... Aunque eso sí,[50] apenas leéis... cosas que no   5
sean de tipo técnico o estrictamente profesionales...
(*Pausa.*) Brindo... ¡por ti, dinámico, esposo! (*Apura
otra copa de champaña.*) ¡Qué dulce! ¡Qué ri-
quísimoooo! (*Fastidiada.*) Oye, pescador de ostras, ¿no
te parece que ya está bien de escudriñar el fondo marino   10
de la bañera...?[51] (*Pausa. Bebe con deleite.*) ¿Sabes?
Cuando acabe nuestra luna de miel las amigas me
acosarán a preguntas,[52] ¡y más las solteras!... Las que
van para vestir santos[53]... (*Pausa.*) ¿Cómo fue? ¿Qué te
dijo? ¿Quién se desnudó el primero? ¿Apagasteis la luz?   15
¿O te exigió un strip-tease?... (*Erotizada.*) Yo prefiero la
penumbra, es más excitante... (*Sume la alcoba en
penumbra.*) Así, así... está mejor... (*Pausa.*) ¡Qué círculo de beatas tuve...![54] ¿Un strip-tease? Soy la esposa,
la futura madre, no una exhibicionista del music-hall[55]...   20
(*Pausa.*) Pero si tú me lo pides..., si tú me lo imploras...
creo que no sabría negártelo. ¡No podría, amor mío! ¡Mi
vida! ¡mi cuerpo idolatrado!... ¡No podría! (*Pausa.*) Y
en cuanto me echen la vista encima[56] las inhibidas com-
pañeras soltarán su letanía... (*Pausa.*) ¡Qué suerte   25

---

48. **siempre de asambleas** always at meetings
49. **montañas de billetes** piles of money
50. **Aunque eso sí** Although one thing's for sure
51. **¿no te parece... la bañera?** Don't you think you have had enough of ex-
amining the marine depths of the bathtub?
52. **me acosarán a preguntas** will hound me with questions
53. **Las que... santos.** Those who are destined to dress church statues. [A
function traditionally performed by single women.]
54. **¡Qué círculo... tuve!** What a bunch of prudish friends I had!
55. **exhibicionista del music-hall** nightclub performer
56. **me echen la vista encima** they set eyes on me

tuviste! ¡Vaya tipazo y partidazo que te llevas![57] ¡Tú sí
eres afortunada!... (*Reflexiva.*) Admito que lo fui...
(*Pausa.*) ¿y acaso no hice méritos?[58] Realicé lo que no
hacen todas... Me sacrifiqué. Sí, renuncié... (*Pausa.*) Yo
5   también anhelaba ser besada... estrechada férreamente[59]
en la penumbra de una boite... Sentir las caricias dulces
del galán de turno...[60] Olvidar las penas y sinsabores bajo el ritmo lento y salvaje de un espiritual negro...
(*Pausa.*) Partir en una lancha mar adentro,[61] con las olas
10  bañándome el rostro para luego,[62] liberada de tabúes, ar-
rojarme desnuda al agua con... otros muchachos y
muchachas... (*Pausa.*) También me seducía poseer mi
apartamento de soltera,[63] y ser libre, o independizarme, y
recibir visitas, muchas visitas, sin discriminación de
15  sexos... ¡Aunque resistí! Resistí como una troyana. Y
ahora... estoy... ahora estoy como ¡no están todas! Y
esto exige una recompensa... Porque también soy de
carne y hueso, y tengo las mismas flaquezas y apetencias
que todo el mundo... (*Pausa. Mira hacia el baño.*) ¡No
20  me digas que estás buscando ostras!... Ja. Ja. Mi atlético
señor... Ja. Ja. (*Altera su expresión.*) Recuerdo cuando
te conocí... ¡fue tan romántico! Era una fiesta de
sociedad... Había mucho ambiente... y música de
violines... (*Pausa.*) Te acercaste... (*Se aproxima al som-
25  brero de copa.*) y me invitaste a bailar, luego que nos
miramos largamente a los ojos... (*Arrecia un vals.*)
Bailamos como una pareja de príncipes. (*Baila enredor
del sombrero de copa.*) Y ni siquiera me besaste... ¿Para

57. **¡Vaya tipazo... te llevas!** What a great build he has and what a good deal
you have landed!
58. **¿Y acaso... méritos?** And don't you think I made myself deserving?
59. **estrechada férreamente** held tightly
60. **galán de turno** whatever boyfriend I was with
61. **Partir... adentro** to take off on a launch toward open sea
62. **para luego** so that then
63. **mi apartamento de soltera** my own bachelor-girl apartment

qué? Mi cuerpo... ya ves... (*Comienza a despojarse con solemnidad el vestido de novia.*) es exuberante... tentador, hecho para un amor infinito... (*Pausa.*) Y sin embargo... ¡no me tocaste! (*Pausa.*) ¡Ay! Qué galante, decente y noble resultaste... (*Pausa.*) Pero ahora... (*Cesa   5 el vals y retorna junto al sombrero de copa.*) en cuanto salgas del baño, limpio, perfumado, rugiente como un animal joven... tendrás tú también tu recompensa... (*Pausa.*) Seré tu esclava, tu partenaire, tu geisha, tu genio personal que brinda toda clase de goces... (*Pausa.*)   10 ¿Deseas oír otro secreto? (*Vacilante.*) No quiero que ignores ni una partícula de mi existencia...[64] (*Pausa.*) Te contaré todo, volcaré en ti[65] mis más íntimas vivencias y mis más ocultos pecados... ¿Debe ser así, verdad, príncipe azul? (*Pausa.*) Tuve... tuve un pretendiente... ¡El   15 único después que tú! (*Sobresaltada.*) Pero... (*Coge el sombrero de copa y le habla.*) pero ¡aguarda! No te precipites..., no saques vanas deducciones...[66] (*Entorna los párpados al unísono que fluye música de violín.*) Era... muy guapo..., como tú de hermoso... (*Pausa.*)   20 ¡Volvía locas a las mujeres! Igual que las vuelves tú... (*Pausa.*) Pero con otro estilo... (*Pausa.*) Hablaba mucho... tal vez demasiado... Y no estaba conforme con nada... (*Pausa.*) Llevaba el pelo largo, se dejaba crecer la barba... (*Pausa.*) Leía libros de un tal Marcuse[67]..., veía   25 al mundo como un sucio mercado donde no había nada que no se comprase o vendiese... (*Pausa.*) Tenía la palabra crisis a flor de labios[68]... y términos como...

64. **No quiero... mi existencia.** I don't want you to be ignorant of even the slightest detail of my life.
65. **volcaré en ti** I'll fill you with
66. **¡aguarda!... deducciones.** just a moment! Don't get carried away, don't jump to vain conclusions.
67. **de un tal Marcuse** of somebody called Marcuse
68. **Tenía la palabra... labios** He had the word crisis on the tip of his tongue

como… represión, alienación, marginación, explotación, enajenación, manipulación y todas acababan en "ón"… (*Pausa*.) Me amaba apasionadamente… Y pretendía hacerme suya… ¿Te das cuenta? (*Pausa*.) Quería hacerme suya pero antes de la ceremonia nupcial… En seguida… en cualquier momento… (*Pausa*.) Me decía… Amor mío, necesito tu alma, tu boca, tus senos, tu espíritu, tus muslos, tu cuerpo entero, lo necesito todo para mí, y no ahora, sino también mañana, y pasado, y al otro, y siempre, ¡siempre! ¡Siempre! (*Trágica*.) ¡Siempreee! (*Casi llorando*.) Era un loco, Ja. Ja… Un don Juan inmoral, un seductor de doncellas, un lujurioso del sexo[69]… (*Pausa*.) ¿Te das cuenta, corazón? Aquel depravado quería hacerme suya… ¡suya!… Y era el hombre más fascinante, más adorable, más extraordinario que yo había… (*Con pánico*.) ¡Época de adolescente! Sueños de la pubertad! ¡Caprichos de niña!.. (*Pausa*.) Y yo… no cedí…, resistí como una virgen de las catacumbas… ¡Ya te lo dije! Y él venía tras de mí… escribiéndome poemas, mandándome epístolas… (*Pausa*.) Rosas. Claveles. Tulipanes… (*Pausa*.) Las flores más radiantes de cada estación iban a parar a mi búcaro[70]… (*Pausa*.) Aunque yo… yo… tenía ideas claras… (*Pausa*.) Sabía lo que son los hombres… (*Pausa*.) Lo que buscan de las mujeres…, y de los artificios de que se valen[71] para seducirlas y gozarlas… (*Pausa*.) Me habían advertido bien… (*Pausa*.) Me habían descubierto el peligro que nos circunda… (*Pausa*.) Lo peligroso que es ser mujer… (*Pausa*.) Disfrutaba de una sólida formación… (*Pausa*.) Y las acechanzas del diablo no me eran nuevas… (*Pausa*.) Para colmo resultaba yo[72] una chica

69. **un lujurioso del sexo** a sex fiend
70. **iban a parar… búcaro** ended up in my vase
71. **los artificios de que se valen** the tricks they use
72. **Para colmo resultaba yo** On top of all that I was

tentadora... (*Pausa.*) Y sufría lo indecible al contemplar el desarrollo escandaloso de mis senos..., y me inquietaba la esbeltez de mis piernas, y el perfecto grosor de los muslos, y la fresca y roja boca... y... (*Escancia otra copa.*) Como no salgas pronto de tu playa, apuesto 5 doncel,[73] te vas a quedar sin champaña... Ja. Ja. Ja. (*Pausa.*) Intuí que mi salvaje cuerpo de hembra joven podía ser un obstáculo para alcanzar mi meta: el matrimonio... (*Pausa.*) Y traté de camuflar mis abultadas formas... (*Pausa.*) En mamá hallé una fiel col- 10 aboradora... (*Pausa.*) Apenas usaba sostenes... Abusaba de los corsés,[74] usaba vestidos de tallas superiores..., el borde de las faldas ocultaban hasta mis tobillos... (*Pausa.*) Y... hasta me habló mamá... ¡Me he puesto encarnada! de llevar un cinturón de castidad... (*Pausa.*) Ja. 15 Ja. ¿Es increíble, no es cierto?... (*Pausa.*) Y cuando parecía que iba a ser cliente asidua de... sicoanalistas, y dueña de un gato de Angora o siamés... me encuentro en mi alcoba nupcial... cerca del tálamo, ebria de champaña, no lejos de mi viril esposo, que se acicala y 20 perfuma para la más ruidosa y erótica noche de amor que vieron los siglos... (*Pausa.*) ¿Y ahora? (*Tiene en las manos el traje de novia.*) ¿Crees, precioso mío, que debo conservarlo? Yo opino que sí... (*Pausa.*) Un día seremos viejos... y tendremos una legión de nietecitos... 25 (*Rabiosa.*) ¡Que saquen el traje nupcial de la abuelita! ¡Que saquen el traje nupcial de la abuelita! (*Pausa.*) Y lo sacaré. ¡Vaya que lo sacaré! (*Pausa.*) Abriré el viejo arcón y les mostraré el vestido del día más glorioso de mi vida... (*Pausa. Lo cuelga en el perchero.*) ¿Cómo te ex- 30 cita más verme? ¿En camisón trasparente? ¿Entre sedas

---

73. **Como no salgas... doncel** If you don't get off the beach pretty soon, my handsome young man
74. **Abusaba... corsés** I used corsets to excess

y velos? ¿Semidesnuda? ¿Desnuda? (*Pausa.*) ¡Vamos,
soy tu mujer! Soy tuya... Tienes derecho a exigírmelo...
(*Pausa.*) Anda, sigue buscando esponjas... (*Pausa.*) Me
guiaré por mi intuición femenina... (*Pausa.*) Sabemos
5   más las mujeres cómo gustamos a los hombres que los
mismos hombres...[75] ¿Es una paradoja, no? (*Pausa.*) Es
el instinto, el sutil instinto, esa primera fuerza, ese
primer chorro de energía que hizo de la jungla una
ciudad como Nueva York, ja, ja, ja... (*Enciende un
10  cigarro.*) Quiero aclararte algo... (*Pausa.*) Me siento un
producto inacabado..., y ahora tú eres el artesano que
debe finalizarlo... (*Pausa.*) Me formarás, educarás y
modelarás a tu imagen, gusto y hobby... (*Pausa.*) ¿Te
soy sincera...? (*Pausa.*) Igual me tiene[76] leer a Píndaro
15  que a Baudélaire, a Proust que a Dostoyevski, a Platón
que a Kierkegaard. ¡Es una verdad como un rinoceronte![77] (*Pausa.*) En realidad, costilla mía,[78] todo me
subyuga, arrastra y deleita, y al mismo tiempo me envuelve la más fría de las indiferencias... (*Pausa.*) ¿Es...
20  grave? ¿O no posee la más mínima trascendencia?[79]
¡Ps!... Ahora... te tengo a ti... (*Pausa.*) Tú te encargarás
de mí, en un principio fueron mis padres[80]... (*Pausa.*)
Niña realiza esto,[81] niña no hagas lo otro.... (*Pausa.*)
Niña eso es improcedente... Niña estáte quieta... Niña no
25  hables... Niña no toques esos temas... Niña no te mires el
cuerpo... Niña cúbrete... Niña vete a la cama... Niña
estudia estas materias... Niña no leas esos textos...
(*Pausa.*) Niña sal con fulanita... Niña no salgas con

---

75. **Sabemos más... los mismos hombres.** We women know more about how
to please men than men themselves do.
76. **Igual me tiene** It is all the same to me
77. **¡Es una verdad... rinoceronte!** It's a very obvious truth!
78. **costilla mía** my better half
79. **¿O no posee... trascendencia?** Or isn't it important at all?
80. **en un principio... padres** in the beginning, my parents did
81. **Niña realiza esto** Daughter, do this

menganita... (*Pausa.*) Niña te conviene aquella panda...[82] Da el esquinazo a esa otra...[83] (*Pausa.*) Sal con Fernando... No salgas con Javier... (*Pausa.*) ¡Niña! ¡Niña! Niña... ¡Mierda! (*Pausa.*) Pero ahora te tengo a ti, pedazo de turrón[84]... (*Pausa.*) ¿Me crees? Estoy un 5 poco cohibida, como deamparada, a la intemperie, aunque es pasajero... (*Pausa.*) Tú estás a mi lado, tú, que serás el que maneje el timón de esta frágil embarcación que soy... (*Pausa.*) Pero... ¡Hombre que no estás en los Mares del Sur! ¡Qué barbaridad! Nada, bucea, chapo- 10 tea, pega cabriolas[85]... como si en vez de estar en su primera noche de amor conyugal, esto fuera... fuera... (*Pausa.*) Aunque ahora te jorobas pues te prohibo que salgas... ¿Eh? ¡Que salgas! (*Va hacia la cama.*) Estoy desvistiéndome..., y procura dominarte y no escudriñar 15 por el ojo de la cerradura[86]... Ja. Ja. Ja... No me fío de los hombres... ¡Daríais media vida por ver desnudarse a una doncella!... (*Pausa.*) ¿Que no sabes mis medidas anatómicas? Ja. Ja. Ja... (*Pausa.*) Puedo notificártelas ipso facto...[87] (*Pausa.*) De busto... ¡Qué majadería! 20 Como si no fuera a verme mis redondos y delicados... ¡Oye! Quiero un amor formal, en regla,[88] al menos al principio... Conozco muy bien la represión sexual que... que..., y la verdad... dais un poco de miedo[89]... por lo menos al principio... (*Pausa.*) Creo... que en vez de ser 25 amada y seducida por mi amor, voy a ser violada por un gorila salvaje... Ja. Ja... ¡Es buenísimo! (*Pausa.*)

\* \* \* \* \*

82. **Niña... aquella panda.** Child, that bunch is good for you.
83. **Da el esquinazo a esa otra.** Get rid of that other one.
84. **pedazo de turrón** my sweet thing
85. **pega cabriolas** he is splashing his hands and feet
86. **no escudriñar... cerradura** don't peek through the keyhole
87. **Puedo... ipso facto.** I can tell them to you right away.
88. **Quiero un amor... en regla** I want a proper kind of love, according to the rules
89. **y la verdad... miedo** and to tell the truth, you men scare us a bit

Sigo diciendo estupideces..., y no cesaré hasta que salgas del baño, y te vea venir, arrogante, desnudo tu bronceado y atlético cuerpo... (*Pausa*.) Esta noche exótica, ¡mi noche! voy a sentir el brutal abrazo de... (*Pausa*.) ¡Digo que te quedarás sin champaña...! Dalo por hecho...[90] Ja. Ja. Ja... (*Pausa, quitándose más ropa*.) Oye... ¿roncas? Me molestaría tener a un hombre en la cama rugiendo como un coyote... ¡En la cama! ¿Ves? No me hago a la idea[91]... de que ahora ya no dormiré sola, no soñaré sola, ni me despertaré sola... (*Pausa*.) Impresiona un poco, no creas...[92] (*Pausa*.) También da algo de... (*Pausa*.) ¿Dónde prefieres dormir? Tienes derecho a elegir, ¿el lado izquierdo o derecho...? (*Arregla los almohadones*.) ¡Uy! Se me había pasado por alto el perfumar nuestro nido de amor...[93] (*Lo hace*.) Así está mejor... (*Respira con placer*.) Ya todo queda perfecto... (*Pausa*.) El momento supremo se acerca... y la doncella virgen se turba y se excita... (*Pausa. Hace un repaso con la mirada*.)[94] Todo en regla... (*Pausa*.) No oigo el chapoteo del agua... ¿Te estás secando, eh, conquistador? (*Indecisa*.) Debe ser tarde... (*Consulta la hora*.) Y el cacharro suizo este se paró...[95] (*Otea con ansiedad el teléfono*.) Sabré la hora por teléfono... (*Marca una cifra*.) ¡Eh!... ¿Qué? ¿Quién es usted...? ¡Debe ser una interferencia...![96] (*Pálida*.) Quería saber la hora... (*Pausa*.) ¿Cómo sabe mi nombre? Digo que marqué para... (*Pausa*.) ¿Eres tú...? (*Pausa*.) ¡Es él! (*Pausa*.) ¡Qué extraño! (*Pausa*.) Juraría que es un sortilegio... (*Pausa*.) Fue una coincidencia, ¿entiendes?

90. **Dalo por hecho.** Consider it done.
91. **No me hago a la idea** I can't get used to the idea
92. **Impresiona... no creas.** That's pretty important, don't think it isn't.
93. **Se me había pasado... amor.** I had forgotten to perfume our love nest.
94. **Hace un repaso... mirada.** She surveys the room with a glance.
95. **(Consulta la hora)... se paró.** (She checks the time.) And this darned Swiss piece of junk has stopped.
96. **¡Debe ser una interferencia!** The lines must have gotten crossed!

Una auténtica y espontánea coincidencia... (*Pausa.*)
¿Eh? (*Pausa.*) Me es imposible hablar contigo... ¡Y
menos ahora! ¿Qué pensaría mi... (*Pausa.*) Lo nuestro...
(*Está echada en el lecho con el auricular en la mano*)
acabó... ¡Vaya que sí!⁹⁷ (*Pausa.*) ¡Voy a colgar! Él... está    5
en el baño a punto de salir y... (*Pausa.*) Además no
quiero saber nada de tí... (*Pausa.*) ¿Quién te llama,
engreído? (*Pausa*) ¿Todas las noches? ¡Fatuo! ¡Petimetre! ¡Pedante! (*Pausa.*) ¿Que te he desvelado?⁹⁸
Lo dudo, seguro que no estás solo... (*Pausa.*) ¿Que    10
cómo me encuentro...? Ja. Ja. ¿Pues cómo se va
a encontrar una chica en el momento que va a ser
amada apasionadamente...? (*Pausa.*) Voy a colgar....
(*Pausa.*) Él... puede salir de un momento a otro y tiene
muy mala uva⁹⁹... (*Pausa.*) Además es muy fornido...    15
(*Pausa.*) Sabe kárate y es cinturón negro en yudo... ¡Casi
nada! (*Pausa.*) Y no está bien que una recién casada
justo en el instante de consumar su primera noche de
amor ande con el teléfono en mano dialogando con antiguos... antiguos... (*Pausa.*) ¡Te digo que fue un fallo    20
técnico! Sí, técnico. (*Pausa. Exasperada.*) ¡Pero... qué
noches! (*Pausa.*) No seas calavera... (*Pausa.*) Quise
saber la hora y... (*Pausa.*) Está bien... está bien. ¿Que
vas a...? ¡A qué! Cámbiatelo, hijo, cámbiatelo...
(*Pausa.*) ¿Pero crees, estúpido, que me roba el sueño¹⁰⁰ si    25
tienes un teléfono u otro...? (*Pausa.*) ¿Eh? ¿Qué dices?
¡Repítelo! ¡Marrano! ¡Marrano! ¡Marrano!... (*Pausa.*)
¿Cómo te atreves a injuriar a una esposa fiel en su noche
de amor? (*Pausa.*) ¡Cómo! (*Pausa.*) Te detesto. Te odio.

---

97. **Lo nuestro... ¡Vaya que sí!** Our affair... (She is lying down on the bed
with the phone in her hand) is all over... I'll say it is!
98. **¿Que te he desvelado?** You say I woke you up?
99. **tiene... uva** he has a terrible temper
100. **¿Pero crees... el sueño** But do you think, stupid, I am going to lose sleep
over

Es más, te ignoro... (*Pausa.*) ¿Que no son horas de...?
(*Pausa.*) Él vale mucho más que tú... ¡muchísimo más!
Es... más viril, más guapo, gana más dinero y tiene más
categoría social que tú... (*Pausa.*) ¿Que estoy arrepen-
5    tida de...? (*Ríe, neurótica.*) Ja. Ja. Ja. ¡Eres magistral!
(*Pausa.*) Si no fuera porque de un momento a otro va a
salir del baño, te... (*Pausa.*) ¿Que tú qué?... ¡Ni hablar,
monín![101] Fui yo quien te mandó al cuerno...[102] Yo. Yo.
¡Yo! (*Pausa.*) Ibas muy aprisa[103]..., caminabas muy
10    rápido..., querías todo..., en seguida, inmediatamente,
como una bestia en celo... (*Pausa.*) No respetabas
nada... Ni mis principios... ni mi educación... ¿Que me
engatusaron?[104] Ni mis... ¿Tabúes? Ja. Ja... ¿Qué dices,
poquita cosa?[105] Que me manipularon?... ¡Oye! ¡Oye!
15    Aguarda que mi coloso[106] salga del baño y... (*Pausa.*)
¡Otra vez! ¿Quién me manipuló? ¿Quién... Estoy virgen.
¡Virgen! Soy la doncella más virgen del siglo veinte! ¿Te
enteras? (*Pausa.*) ¿Otra clase de manipulación? (*Pausa.*)
Oye, cretino, no me vengas a las altas horas de la
20    madrugada,[107] justo cuando voy a ser rabiosamente
amada con... con... (*Pausa.*) ¿Que me crei... qué...?
¡Ah, vamos! ¿Que no tengo un criterio propio...?[108]
¿Vas por ahí, eh?[109] (*Pausa.*) ¡Eres una rata! (*Pausa.*)
¿Eh? ¿Tampoco una visión evolucionada de la
25    mujer...?[110] ¿Y qué más, pensador? ¿Y qué más, sagaz

101. **¿Que tú qué?... ¡Ni hablar, monín!** You what?... No way, sweetie pie!
102. **Fui yo... cuerno.** I was the one who told you to go to hell.
103. **Ibas muy aprisa** You were in a big hurry
104. **¿Que me engatusaron?** You say they tricked me?
105. **¿Qué dices, poquita cosa?** What do you mean, just a little bit?
106. **Aguarda... coloso** Just wait until my big hunk of a man
107. **No me vengas... madrugada** Don't bother me in the wee hours of the
morning
108. **¿Que no tengo... propio?** You say I don't have my own ideas?
109. **¿Vas por ahí, eh?** So that is what you are driving at?
110. **¿Tampoco una visión... mujer?** You think I don't have an up-to-date
vision of a woman's place?

investigador? (*Pausa.*) ¿Que no soy una progre...?[111]
(*Pausa.*) Aguarda, ratoncillo de bibliotecas, aguarda a
que entre mi esposo y verás, verás... (*Pausa.*) ¿Que
acepté todo cuanto me ofrecieron, ya masticado, sin
pasarlo por el tamiz de mi propio juicio...? ¡Venga!   5
¡Venga!... (*Agria.*) Fui fiel a mis educadores, a mi
momento histórico, a los valores establecidos, respeté a
los guías de mi sociedad, a sus héroes, a sus patriarcas...
¿Y qué? ¿Y qué? (*Pausa.*) ¿Qué debía hacer? (*Pausa.*)
Vamos, sabelotodo, ¿qué podía hacer? (*Pausa*) ¿Una   10
qué? ¡Repítelo! ¿Una guerrillera? Estás para que te en-
cierren con una camisa de fuerza.[112] Ja. Ja. (*Pausa.*)
¿Que hay muchas formas de hacer guerrillas?... ¡Oye!
¡Oye! (*Pausa.*) Mientes. No me estafé. No me hice
fraude[113]... (*Pausa.*) Si te tuviera a mi alcance te[114]...   15
(*Pausa.*) Acepté. Acepté. ¡Eso es todo! ¿Derrotismo?
¿Nihilista? ¿Quién es una nihilista? (*Pausa.*) Oye, majo,
me estás soliviantando, ¿Sabes?[115] Y mi esposo, mi
cónyuge, mi marido, amo y señor va a surgir de un instante a otro, va a tomar el micro, te va a preguntar tu   20
nombre, tu dirección, va a coger su descapotable, se va a
plantar en tu domicilio y te pisoteará como a un
escarabajo... ¿Estamos?[116] (*Pausa.*) ¡Más fuerte!
(*Pausa.*) Sí. ¡Él! Te dará tan cruel paliza que no te
reconocerá ni la madre que te...[117] (*Pausa.*) ¡Falso!   25
(*Pausa.*) ¡Es una vil calumnia! (*Pausa.*) Yo... no hice

111. **¿Que no soy una progre?** You mean I am not "with it?" [**progre,** slang
for **progresista**]
112. **Estás para que... fuerza.** You are about ready for a straitjacket.
113. **No me hice fraude.** I didn't fool myself.
114. **Si te tuviera... te...** If I could get my hands on you, I would...
115. **Oye, majo... ¿Sabes?** Listen, handsome, you are getting me all upset,
you know that?
116. **¿Estamos?** Get that?
117. **que no te... que te [parió]** that even your own mother won't recognize
you

daño... ¡No! Yo no perturbé, inquieté, alteré, incordié...
(*Pausa*.) ¿Cómo? ¿Que ésa fue mi grave falta?... Embustero, sí, ¡embustero! (*Pausa*.) No hice nada. ¡Nada!
(*Pausa*.) ¿Ah, ya?[118] (*Pausa*.) Testigo mudo y confidencial de mi época... ¡Mira! ¡Mira! ¿Sabes que te expresas
como un libro abierto?... (*Pausa*.) Sí, sí, ya sé que eres de
los pocos que respetan en las aulas... Pero... ¿cuánto
ganas, eh? ¿Cuánto? Ja, Ja. Ja. ¡Me das lástima![119]
(*Pausa*.) ¿Ya te publicaron tu revolucionario texto sobre
pedagogía moderna? Ya.[120] Todavía está en el cajón...
Ja. Ja. ¿Cuántos libracos dormitan en tu cajón? La
sociedad de consumo va a... arruinarse contigo...
(*Pausa*.) ¿Que no pierdes la fe? Naturalmente... ¿Sigues
con tu manía de levantar la manta[121]...? Ja. Ja... Hay
que tirar de la manta... hay que tirar de la manta... Y
poner al descubierto[122]... a la intemperie... a la visión de
todos... lo que oculta la monumental manta... Ja. Ja. Ja.
¡El manteador![123] ¡Ha llegado el manteador! Temblad
todos... El héroe de la manta se dispone a realizar la gran
gesta: ¡retirar el mantón! Ja. Ja. Ja. ¡Eres un cómico
genial! (*Retorcida*.) Te imagino debilucho, demacrado,
con tu larga melena de nazareno por los hombros,[124]
evocando a un Cristo doliente y marginado... Ja. Ja...
(*Pausa*.) ¿Que no te quejas? (*Pausa*.) Bueno, ¿dime al
menos la marca de tu coche? Te ruboriza el decírla,[125]
¿eh? (*Pausa*.) Y también se colorean tus mejillas si
hablamos del barrio en que vives, la casa en que moras,

118. **¿Ah, ya?** Oh, you think so?
119. **¡Me das lástima!** I feel sorry for you!
120. **Ya.** Uh huh.
121. **de levantar la manta** of uncovering everything
122. **Y poner al descubierto** And to bring out into the open
123. **¡El manteador!** The uncoverer!
124. **con tu larga... hombros** with your long, Christ-like hair down to your
shoulders
125. **Te ruboriza el decirla** It makes you blush to say it

los ahorros que posees... (*Pausa*.) Pero, ánimo, chico, a
no desfallecer[126]... (*Pausa*.) Nosotros en cambio,
podemos hacer algo por ti, dejarte por ejemplo nuestro
bungalow de la costa..., o nuestro chalet de la sierra, o
hacerte un préstamo cuando quieras conocer otros    5
países... ¿Conforme? (*Pausa*.) ¿Que me meta todo eso
en...?[127] ¡Puerco! (*Pausa*.) Ja. Ja. (*Pausa*.) Anda, dime,
¿quién es el progresista? (*Pausa*.) ¿Que hay varias formas de progreso? Ya... ¿Cómo? ¿Qué? ¡Oye! ¡Oye!
(*Pausa*.) ¡Púdrete![128] (*Cuelga, en tanto que su pecho*    10
*sube y baja a un gran ritmo. Con dedos temblorosos con-*
*ecta el tocadiscos, y un ritmo moderno inunda la alcoba.*
*Baila*.) No te inquietes, cariño, quise averiguar la hora y
hubo un cruce de lineas, y mira por dónde se puso un
tipo enigmático,[129] parecía un borracho o... o... un es-    15
quizofrénico... (*Pausa*.) ¿Verdad que es divertido?
Empezó a decir una retahila de frases absurdas, y luego
que me hube distraído[130] un poco con tan original
extraño, le colgué... (*Pausa*.) ¡Qué ritmo! (*Ondula las*
*caderas, al tiempo que bebe champaña*.) Espero que no    20
te hayas disgustado... (*Tierna*.) ¿Te enojaste con tu exuberante nena? Pero... ¿por qué? ¿por qué? (*Pausa*.) Si
soy tu muñeca..., tu diosa del amor... tu esclava que sólo
anhela darte felicidad y placer... (*Pausa*.) ¿Me perdonas?
Venga, perdóname..., fue un capricho, un antojo de    25
novia enamorada..., un hobby de niña que pronto la vas
a hacer mujer... (*Atrapa el sombrero de copa, sonríe y*
*danza*.) ¡Me chifla bailar![131]... (*Pausa*.) ¿Me invitarás a

126. **a no desfallecer** don't pass out
127. **¿Que me meta... en...?** I should stuff all that up...?
128. **¡Púdrete!** Drop dead!
129. **quise averiguar... enigmático** I tried to get the time and got a wrong
number, and some weirdo got on
130. **y luego que... distraído** and when I had amused myself
131. **¡Me chifla bailar!** I am mad about dancing!

las más pecadoras salas de fiesta? (*Pausa.*) ¿Es cierto que
hacen strip-tease? ¿También el hombre se queda sin pan-
talones? ¡Oh! Mis mejillas se teñirán de rubor[132]...·Aun-
que siento curiosidad por ver cómo se desnudan en
5    público... (*Pausa.*) ¿Qué excitante, eh? (*Pausa.*) Además
será una experiencia... (*Pausa.*) Y tal vez yo un día... me
anime y... y... (*Pausa.*) ¿Y nuestras vacaciones? Exijo un
crucero por la Costa Brava y luego por la Costa Azul...
(*Girando como una danzarina.*) hasta el mar Tirreno...
10    (*Pausa.*) Tarragona, Barcelona, Marsella, Cannes, Niza,
Génova, Nápoles, Messina, Palermo... (*Pausa.*) ¡Oh,
qué palomita más feliz voy a ser! Qué feliz...
(*Enormemente sexual.*) ¿Te espero, amor mío, en la...
cama? Sí ¡Te espero! (*Se despoja de la ropa con sen-*
15    *sualidad.*) Te aguardo una sorpresa[133]... (*Apura la última*
*gota de champaña.*) Aunque sin champaña... (*De súbito,*
*la faz de Alejandra se ensombrece con dureza.*[134] *Y como*
*autómata permanece sentada en la cama, con la columna*
*vertebral rígida, oculta sus piernas en las mantas, bajo*
20    *un silencio,*[135] *y con la mirada fija en el público.*)
¡Concluyó el rito compensador de una frustrada
solterona...! Buenas noches.

(*Tira del cordón de la lamparilla y hace el*

OSCURO)

---

132. **Mis mejillas... rubor.** My cheeks will get red from shame.
133. **Te aguardo una sorpresa.** I have a surprise for you.
134. **la faz... dureza** a shadow of harshness comes over Alejandra's face
135. **bajo un silencio** during a moment of silence

# COMMENTARY

The questions of what is woman's proper role and what constitutes femininity continue to provoke debate. Changing times have modified both prejudices and ideals. For a variety of economic and cultural reasons, many women currently are choosing careers outside the home. Partly, perhaps, because few obstacles remain to prevent women from realizing their potential in professional endeavors, the image of them as exclusively domestic often seems to be considered a negative one. However, the effect of generations of conditioning continues, and the Noah's Ark syndrome—the pressure to marry—endures.

In times not too remote, men showed a preference, when it came to marriage, for virginal, domestic, passive, dependent, unintellectual women. Since feminine success was generally related to being wives and mothers—becoming an old maid was a catastrophe to be avoided at all costs—women tried hard to fit the mold and thus be chosen. Marriage was their professional goal; husbands conferred status, identity, and security. Career women seemed less feminine; if they were married, the fact that they worked seemed to reflect on the earning power, and hence masculinity, of their husbands. In the past few decades, ideas about woman's proper role have evolved considerably. Today women may find acceptance, personal satisfaction, and financial security as doctors, lawyers, construction workers, plumbers, and in other formerly male-dominated occupations. Women, married or single, can be intelligent, competitive, critical, competent, and professionally successful without risk of the ultimate insult: being called "masculine." Moreover, the image of the single life has been glamorized for women as well as for men. Not only do single women now smile confidently from the pages of many magazines, but they also outwit men and overcome them physically in several popular television series. And yet, in real life, women as well as men continue to be dominated to a degree by the past. Having internalized many archetypal models, they create psychological barriers even

more oppressive than the bureaucratic ones. Much more uncomfortable with the single woman than the single man, the
society at large often makes the woman who never marries
feel not only rejected but somehow incomplete.

In *El tálamo*, the central character represents the antithesis
of the contemporary feminine ideal. Reminiscent in form and
focus of Miguel Delibes' novel *Cinco horas con Mario*, the
work projects an ironic, demythifying vision of the traditional male and female roles. Like la Secretaria, Alejandra is
a victim. She differs, however, in that her oppressors are
cultural conditioning and social pressures rather than the
business world. Alejandra's youth and energies have been
consumed in becoming worthy of the rite of passage represented by marriage. She accepts without question her position
as sex object, possession, slave, and geisha, entirely approv-
ing of passing her tutelage directly from family to husband
with no intervening and perhaps damaging independence.
Alejandra displays, moreover, a materialistic concept of marriage and men. She perceives the desirable husband as
muscular, strong, protective, experienced, active, competent
and, of course, rich. Compatibility seems not to be a factor.
For Alejandra, a husband is an object; a trophy to be won
and displayed. When women view marriage as the only vic-
tory and spinsterhood as the ultimate defeat, men are as much
the losers and the victims as women.

## THE PLAYWRIGHT

Eduardo Quiles, born in Valencia in 1940, has lived on
three continents. He grew up in North Africa, spent several
years in Mexico, and presently calls Valencia home. Married
and the father of three children, Quiles makes his living as a
salesman for a pharmaceutical company. With more than fifty plays to his credit, he is among the most prolific of the
"underground" group.

*El tálamo* and others of Quiles' plays have been performed
in Mexico. However, Quiles' pique at their not being per-

formed in Spain led him to plot vengeance on anyone who wants to produce his works after his death. His plays would, he said, be buried beside him in a separate casket. Any potential producer should go alone to the cemetery at 2:00 AM to disinter both caskets. In his own casket, Quiles would hold an authorization to perform, and in the other, the producer would have to locate the desired work. With permission and play in hand, the producer should then keep vigil totally nude beside both caskets for the remainder of the night.

Although a frustrated tragedian by his own confession—he especially admires Aeschuylus, Sophocles, Shakespeare, and Calderón—Quiles tends to produce moralistic and sociological satires. Some of his major works, in addition to *El tálamo*, include *El hombre-bebé*, *¿Quién es Romo?*, *El asalariado*, *Pigmeos, vagabundos y omnipotentes*, and *La concubina y el dictador*.

For additional information, consult: Eduardo Quiles, *La concubina y el dictador, Pigmeos, vagabundos y omnipotentes, El asalariado*, ed. Klaus Pörtl (Valencia: Prometeo, 1979) and the following two works by George E. Wellwarth: "Dramatic Theory and Technique in the Works of Eduardo Quiles," *The Analysis of Hispanic Texts* (Jamaica: Bilingual Press, York College, 1976) and *Spanish Underground Drama* (University Park: The Pennsylvania State University Press, 1972).

## PREGUNTAS

I. *(pp. 143–148)*

1. ¿Qué se oye en la escena antes de que se ilumine?
2. Describa el aspecto físico de Alejandra.
3. ¿Cómo va vestida Alejandra?
4. ¿Qué objetos hay en la recámara?
5. ¿Qué recuerda Alejandra mientras baila?
6. ¿Qué le pregunta a su marido?
7. ¿Dónde está el marido?

8. Quién ha preparado el agua para el baño?
9. Según Alejandra, ¿qué temor siente toda mujer en el fondo?
10. ¿En qué ha pensado mucho Alejandra? ¿Por qué?
11. ¿Cómo suele llegar el hombre a la noche de bodas?
12. ¿Qué parece representar un marido para Alejandra?
13. ¿Qué descripción nos da Alejandra de su marido?
14. Según Alejandra, ¿qué cualidades femeninas la caracterizan?
15. ¿Qué le pregunta Alejandra a su marido ausente?
16. ¿Qué tipo de experiencias ha tenido ella?
17. ¿Por qué toma champaña sola?
18. Según Alejandra, ¿cómo se diferencian sexualmente los hombres de las mujeres?

## II. *(pp. 148–155)*

1. ¿Qué clase de hombres vuelven loca a Alejandra?
2. ¿Qué preguntas le harán sus amigas solteras sobre la luna de miel?
3. ¿Será sumisa Alejandra con su marido? ¿Qué opina Ud.?
4. ¿Qué letanía le soltarán sus amigas cuando la vean?
5. ¿Según Alejandra, cómo había hecho méritos?
6. ¿Qué cosas ha resistido Alejandra?
7. ¿Le ha servido a Alejandra sacrificarse? ¿Qué piensa Ud.?
8. ¿Cómo se conocieron Alejandra y su marido?
9. ¿Cómo se comportó él durante el noviazgo?
10. ¿Cómo cambiarán los papeles, ahora que están casados?
11. ¿Cómo era el otro pretendiente de Alejandra?
12. ¿Qué hacía el pretendiente para cortejarla?
13. Según Alejandra, ¿qué busca un hombre en una mujer? ¿Por qué piensa ella así?
14. ¿Por qué piensa Alejandra que su "salvaje cuerpo de hembra joven" puede ser obstáculo para alcanzar su fin?
15. ¿Qué le sugirió su madre?

16. ¿Para qué servirá algún día el traje de novia?
17. ¿En qué sentido será su marido un artesano?
18. ¿En qué sentido será como un padre?
19. ¿Parece ser realmente feliz Alejandra con este sistema? ¿En qué se nota?
20. ¿Qué clase de amor anhela Alejandra?

**III.** *(pp. 156–162)*

1. ¿A qué idea se resiste Alejandra?
2. ¿Por qué se le ocurre llamar por teléfono?
3. ¿Con quién habla Alejandra?
4. ¿Le ha llamado Alejandra antes?
5. ¿Con qué la amenaza a Alejandra?
6. ¿Cómo intenta Alejandra insultarle?
7. ¿Qué conflictos había entre ellos?
8. ¿De qué la acusa él?
9. Según Alejandra, ¿qué hará su marido cuando se entere de esta conversación?
10. ¿Cuál es la profesión del señor con quien Alejandra habla por teléfono?
11. ¿Cómo le describe Alejandra físicamente?
12. ¿Qué símbolos de status parecen faltarle?
13. ¿Qué símbolos de status posee ahora Alejandra?
14. ¿Qué piensa él de las posesiones de Alejandra?
15. ¿Qué le asegura Alejandra a su marido?
16. ¿Quién es el señor del teléfono?
17. ¿Quién está en el baño?
18. Explique el "rito compensador".
19. Explique el estado mental de Alejandra.

## TEMAS

1. Alejandra como símbolo irónico de la mujer moderna. A considerar: sus valores, sus ambiciones, sus ideas con respecto a ambos sexos, sus pasatiempos, etc.

2. La función dramática de los personajes masculinos que no aparecen. Contraste la realidad que Alejandra rechaza con el sueño que fabrica.

3. Compare y contraste los atributos físicos, intelectuales, morales, económicos y culturales de los dos hombres. Explique la función de estas diferencias. ¿Cuál de los dos hombres le parece a Ud. más interesante?

4. ¿Qué constituye para Ud. "la mujer ideal" o "el hombre ideal"? Comente y explique.

5. ¿Qué entiende Ud. por la palabra "femenidad"? Para probar su femenidad, ¿es necesario, por ejemplo, que una mujer se realice como esposa y madre?

6. ¿Considera Ud. igualmente femeninas a: Cleopatra, Safo de Lesbos, Eleanor Roosevelt, Marilyn Monroe, Madama Curie, Farrah Fawcett, Jackie Onassis, y Bella Abzug? ¿Qué mujeres representan para Ud. el ideal femenino?

## RESUMEN DEL TEMA: LA CUESTIÓN FEMENINA

1. ¿Qué semejanzas y qué diferencias existen entre la Secretaria y Alejandra? ¿Cuál de las dos tiene más conciencia social? Dé razones.

2. ¿Cómo son explotados los hombres?

# Vocabulary

# Vocabulary

The vocabulary includes all words in the plays, commentaries, questions, and discussion topics with the following exceptions: some exact or easily recognizable cognates, definite and indefinite articles, common prepositions and pronouns, simple possessive adjectives and pronouns, some numerals, regular past participles of verbs, except when used as adjectives, common irregular past participles, and adverbs ending in **-mente** when the corresponding adjective is given and when there is no change in meaning.

Some irregular verb forms not easily recognized are listed separately and radical-changing verbs are identified in the usual manner: **(ie)**, **(ue)**, etc.

Gender indications are omitted for masculine nouns ending in **-o** and feminine nouns ending in **-a**, **-ión**, **-dad**, and **-tud**.

Abbreviations: *adj.* adjective, *adv.* adverb, *aux.* auxiliary, *conj.* conjunction, *f.* feminine, *imp.* impersonal, *inf.* infinitive, *interj.* interjection, *m.* masculine, *n.* noun, *pl.* plural, *p.p.* past participle, *pro.* pronoun, *v.* verb

**abajo** down; **de __** below
**abalorios** glass beads
**abandonar** to abandon
**abandono** abandonment
**abatido** downcast, sad
**abierto** open
**abogado** lawyer
**aborto** abortion, miscarriage
**abrazado** embraced; **fuerte- mente__s** in a strong embrace
**abrazar** to embrace
**abrazo** embrace
**abrigar** to shelter; to nourish
**abrir** to open
**abstracto** abstract
**absurdo** absurd
**abuela** grandmother; **abuelita** granny
**abuelo** grandfather
**abultado** bulky, ample
**aburrir** to bore
**abuso** abuse
**acabar** to end, finish, be over; **__ de** + *inf.* to have just

acariciar to caress, put arms around
acaso perhaps
aceión action
acechanza snare
aceptar to accept
acercar to approach, come up to; to bring near; __se a to go over to, to get close to
aciealarse to groom oneself
aclarar to make clear
acogido accepted
acompañado accompanied
acompañar to accompany
acordarse (ue) to remember; __de to remember
acorde m. chord, music
acostarse (ue) to go to bed; to lie down
acostumbrado used to it
acostumbrar to become accustomed, used to
actitud attitude, position
actividad activity
acto act; __ único one act
actual present
actuar to act, take action, put into action; to do something
acuerdo agreement; estar de __ to agree; de __ agreed, O.K.
acusar to accuse
Adán Adam
adaptar to adapt, adjust
adelantarse to come forward
adelante ahead; más __ later on
adelanto preview
además besides, in addition
adiós good-bye, farewell
adivinar to guess
administrar to administer
admirado astonished, surprised

admirar to admire
admitir to admit
adolescencia adolescence; teenage
adolescente m. or f. teenager
¿adónde? where?
adorar to adore
adornar to adorn; para __ as a garnish
adorno adornment; de __ as decoration
adquirir (ie) to get, acquire
advertir (ie) to note, to take into account, point out; to be aware, to notice; to warn
afectar to affect
aflorar to sprout, flower, ooze
afortunado lucky
agachar to bow, lower
agitar to shake, wave
agotamiento exhaustion; hasta el __ until they are exhausted
agotar to exhaust; __se to get exhausted
agradable pleasant
agradecer to thank, reward
agradecido grateful
agradecimiento thanks, gratitude
agrio bitter(ly)
agua water; al __ into the water
aguantar to tolerate, stand; __ se to stand each other
aguardar to await, wait; aguarda just a moment; you just wait
ahí there; por __ anywhere
ahora now; __ mismo right now; desde __ from now on
ahorros savings
aire m. air
¡Ajá interj. Aha!

**ajeno** oblivious to, unaware of
**alcance: al __** within reach of
**alcanzar** to achieve, gain
**alcémonos** *See* **alzar**
**alcoba** bedroom, chamber; __
nupcial wedding chamber
**alegoría** allegory
**alegrar** to gladden, make happy,
be happy
**alegre** happy
**alegría** happiness, joy; **con __**
joyfully, happily
**alelado** stupified; **como __** as
in a daze
**Aleluya** Hallelujah Chorus
**alfiler** *m.* pin
**algo** something; somewhat; a
little; **de __** for something
**alguien** someone, somebody
**alimentar** to feed
**alma** soul
**almendro** almond tree
**almohada** pillow
**almohadón** *m.* large pillow
**alquitarado** refined
**alrededor** around
**alterar** to change
**alto** high, tall; **de lo __** from
above
**alumbrar** to light up
**alusión** allusion
**alzar** to raise; **alcémonos** let us
rise
**amabilidad** amiability, friendli-
ness
**amable** nice, kind
**amado** loved
**amanecer** to begin to get light
**amante** *m.* or *f.* lover
**amar** to love; to make love; **de __**
of loving

**amargura** bitterness
**ambición** ambition
**ambiente** *m.* atmosphere, air
**ambos** both
**amenazar** to threaten
**amigo** friend
**amistad** *f.* friend
**amo** master
**amor** *m.* love; darling
**amoroso** amorous
**amparo** shelter, support
**anatómico** body
**andante caballero __** knight
errant
**angustiado** full of anguish
**andar** to walk; to wander, go
around; **anda** go in, go on
now; what the heck
**anhelar** to desire; to long to
**animarse** to be inspired; to be
encouraged
**ánimo** courage
**aniversario** anniversary
**anormal** abnormal
**anotado** noted, written
**anterior** previous, former
**ansiedad** anxiety; **con __** ner-
vously
**antes** before, sooner; **__ de** before; **__ de que** before
**antiguo** old
**anular** to put in shade; to wipe
out
**anunciar** to announce, tell
**añadir** to add
**añorar** to miss, long for
**apagar** to turn off, put out
**apañado** picked up
**aparato** equipment; microscope
(as piece of equipment)
**aparecer** to appear

**aparentemente** apparently
**apasionadamente** passionately; madly
**apenado** sad
**apenas** hardly
**apesadumbrado** distressed
**apetencia** appetite, craving
**apoderar:** __se de to seize, get possession of
**aportar** to bring
**apoyado** leaning
**apoyar** to lean, rest
**aprender** to learn
**apretar (ie)** to press, press on; to squeeze, clutch; to tighten
**aproximadamente** approximately
**aproximarse** to get close
**apurar** to drink down
**aquel** that
**aquí** here
**árbol** m. tree
**arbolitos** little trees
**arcón** m. large chest
**arma** weapon
**aro** hoop
**arrastrar** to drag, drag along; to crawl
**arreciar** to become louder
**arreglar** to put in place, to fix
**arrepentido** sorry
**arriba** up; **de** __ upstairs
**arrodillado:** __s on their knees
**arrodillarse** to kneel
**arrojar** to throw
**arroz** m. rice
**arruinarse** to go to ruin, be destroyed
**arte** f. art
**artesano** craftsman
**artículo** article
**asalariado** wage earner

**ascender (ie)** to promote
**ascenso** promotion
**ascensor** m. elevator
**asco** disgust, revulsion
**asegurar** to insure; to assure
**asesinar** to assassinate, murder
**así** thus, in that way; like that, like this; __ **como** like; __ **de** just that, so very; __ **que** so
**asiduo** frequent, steady
**asistir** to assist, help; __ **a** to be present at, attend; to watch
**asomar:** __se a to look into
**asombrado** surprised
**asombro** amazement, surprise
**asomo** indication
**aspecto** appearance; aspect
**aspirar** to breathe in; to sniff; to aspire, to have ambition
**asténico** slender and delicate
**asunto** matter
**asustado** frightened, alarmed
**asustar** to frighten; __se to become frightened
**atacar** to attack
**atado** tied
**ataque** m. attack
**atar** to tie
**atareado** busy
**atizar** to rouse; to beat (with a whip)
**atlético** athletic
**atormentar** to torment
**atrapar** to grab
**atrever** to dare
**atributo** attribute
**aula** classroom
**aumentado** increased, raised
**aún** still, even
**aunque** although, even though, even if
**ausente** absent

**auténtico** authentic
**autómata** *m.* automaton, robot
**autor** *m.* author
**autoritario** authoritarian
**autosoma** nonsexual chromosome
**avanzar** to come forward
**aventura** adventure; ___ **amorosa** love affair
**avergonzado** ashamed
**avergonzarse** to be ashamed
**averiguar** to find out
**avidez: con** ___ greedily
**ayer** yesterday
**ayes** *m.* groans, sighs
**ayudado** helped
**ayudar** to help
**azar** *m.* chance
**azúcar** *m.* or *f.* sugar
**azul** blue

**bailar** to dance
**bajar** to go down
**bajo** under
**balón** *m.* ball
**banda** band (musical)
**bando** group, band
**banquete** *m.* banquet
**bañar** to bathe
**baño** bath; bathroom
**barajar** to shuffle, mix up
**barba** beard
**barbaridad: ¡qué** ___**!** what nonsense!
**barca** boat
**barrio** neighborhood
**basado** based
**base: a** ___ **de** based on
**básico** basic
**bastante** enough
**bastar** to be enough; ___ **con** to be enough to

**bebé** *m.* baby
**beber** to drink; ___**se** to drink up
**bebida** drink
**beneficio** benefit, profit
**belleza** beauty
**bello** beautiful; handsome
**besado** kissed
**besar** to kiss
**beso** kiss
**bestezuela** dirty beast
**bestia** beast
**Biblia** Bible
**biblioteca** library
**bíceps** *m.* biceps
**bien** well, right; **está** ___ all right; **no está** ___ it's not right; *n.* good; **los** ___**es** possessions
**billete** *m.* bill (money)
**bisabuelo** great-grandfather; **bisabuela** great-grandmother
**blando** soft, gentle
**boca** mouth
**boda** wedding; **aniversario de** ___**s** wedding anniversary; **noche de** ___**s** wedding night
**boite** *f.* nightclub
**bola** ball
**bondad** kindness
**bonito** pretty, nice
**borde** *m.* hem
**borracho** drunk
**bosque** *m.* woods, forest
**bostezar** to yawn
**botella** bottle
**botón** *m.* button; **dar el** ___ to press the button
**bragas** panties
**brazo** arm; **entre sus** ___**s** in his arms
**breve** brief
**bribonzuelo** rascal **¡** ___**!** you rascal!

**brillante** brilliant
**brindar** to drink to: to offer
**broma** joke
**bronceado** suntanned
**bucear** to dive
**bueno** good, O.K.; **buenísimo** very good; **¡es __!** that's great
**bulto** bulge, swelling
**burgués** bourgeois, middle class
**burla** joke
**burlar** to deceive, to be mistaken
**burócrata** *m.* or *f.* bureaucrat; office clerk
**buscar** to look for
**busto** bust; **de __** the bust

**caballero** gentleman; sir
**caballo** horse
**cabello** hair
**cabeza** head
**cabizbajo** crestfallen, sad
**cabo** *See* **fin**; **al __** after
**cabrón** *m.* bastard
**cada** each, every
**cadáver** *m.* corpse
**cadera** hip
**caer** to fall, come down
**café** *m.* coffee
**caja** box; **cajita** little box
**cajón** *m.* drawer; case
**calavera** *m.* playboy
**calumnia** lie
**calzar** to put on (shoes)
**callarse** to be quiet, be silent, keep quiet
**cama** bed; **__ de matrimonio** double bed; **__s gemelas** twin beds
**cambiar** to change, trade
**cambio** change; **en __** on the other hand; **a __** in exchange
**caminar** to walk; to go

**camino** road
**camisón** *m.* nightgown
**campeonato** championship, **__ mundial** world championship game
**campo** countryside
**camuflar** to camouflage
**¡canalla!** you bastard!
**cansadísimo** very tired
**cansado** tired
**cansarse** to get tired
**cantar** to sing
**capaz** capable
**capricho** caprice, fancy; joke
**cara** face
**carácter** *m.* character
**característico** characteristic
**¡caramba!** my goodness!, good grief!
**caray: ¡qué __!** What the heck!
**carcajada** burst of laughter
**careta** mask
**cargo** position, job
**caricia** caress
**cariño** darling
**carne** *f.* flesh; **__ y hueso** flesh and blood
**caro** dear, fond
**carretera** road, highway
**carrito** baby carriage
**cartera** wallet
**cartón** cardboard; **muñeca de __** paper doll
**casa** house
**casada** a married woman
**casado** married
**casarse** to get married; **__ con** to marry
**casi** almost
**caso** case; fact, point
**castidad** chastity
**castigo** punishment

**catacumbas** catacombs
**catedral** *f.* cathedral
**categoría** position, standing
**católico** Catholic
**causa** cause, reason
**cazuela** earthen casserole
**ceder** to give in
**celar** to keep an eye on
**celebrar** to celebrate
**celo: en __** in heat
**célula** cell
**cementerio** cemetery
**cena** supper; meal
**cenar** to have supper
**cenital: luz __** noon sunlight
**centro** center
**cerca** close, near
**cerdo** pig
**ceremonia** ceremony
**ceremoniosamente** ceremoniously
**cerrado** closed
**cerrar (ie)** to close
**cesar** to stop
**Césares** Caesars
**cielo** sky
**cien(to)** one hundred; **ciento cincuenta** one hundred fifty; **alcohol de __** one hundred proof alcohol; **ciento quince** one hundred fifteen; **cientos de** hundreds of
**cierto** certain; sure, positive, true; **es __** that's right; **por __** certainly, of course; **¿no es __?** don't you think so? **¿es __?** do they really?
**cifra** number
**cifrarse** to revolve around
**cigarrillo** cigarette
**cigarro** cigarette
**cincha** lace in a corset

**cintura** waist
**cinturón** *m.* belt; **__ de castidad** chastity belt
**circundar** to surround
**circunspecto** circumspect, suspicious
**citar** to cite
**ciudad** city
**clamor** *m.* noise, sound
**claro** clear(ly); of course; **__ está** of course; **__ que** of course; **__ que sí** of course you will
**class** *f.* class; kind
**clavel** *m.* carnation
**cliente** *m.* or *f.* client
**clorato** chlorine, chlorate; **__ en polvo** powdered chlorine
**cobrar** to collect
**cocinero** cook
**coche** *m.* car
**cochecito** baby carriage
**coger** to take, take hold of, seize, pick up; **__ frío** to get cold; **¡cógelo!** grab it!
**cohibido** inhibited
**coincidencia** coincidence
**colaboradora** collaborator
**colcha** bedspread
**colega** *m.* or *f.* partner
**colegio** secondary school; school
**colgar (ue)** to hook, to hang (up)
**colocar** to place
**colorearse** to get red, to blush
**columna** column
**collar** *m.* necklace; **__ de colorines** necklace of bright colored beads
**combatir** to combat
**comentar** to talk; to gossip
**comenzar (ie)** to begin
**comer** to eat; **__se** to eat up
**cómico** comedian; actor

**comida** food
**como** as, like; __ **no** if; **¿cómo?** how?, what?, what do you mean?
**compañero (-a)** companion
**comparar** to compare
**compartir** to share
**compensador** compensating
**completo** complete; **por** __ completely
**complicado** complicated
**comportar** to behave
**comprar** to buy
**comprender** to understand
**comprobar (ue)** to check, prove
**común** common
**comunicación** communication
**comunicar** to communicate
**con** with
**concluir** to end, be over
**concretamente** more exactly, concretely, to be specific
**concreto** definite
**concurrido** crowded
**condenar** to condemn
**condición** condition
**conducir** to lead
**conectar** to connect
**conejo** rabbit
**confesar (ie)** to confess
**confianza** confidence
**confiar** to trust, have confidence in
**confidencial** confidential
**confirmar** to confirm
**conformar** to appease
**conforme** in agreement; **estar** __ **con** to agree with; **¿** __ **?** O.K.?
**conmigo** with me
**conmovido** emotionally moved

**conocer** to know; to know of, be acquainted with, be aware of; to get to know
**conocido** known
**conque** so then, so that
**conquistador** *m.* conqueror
**conseguir (i)** to get; to achieve, accomplish
**consejo** advice
**conservar** to keep, save
**considerar** to consider
**consistir** to consist; __ **en** to consist of
**consolar (ue)** to console
**conspirar** to conspire
**constante** constant
**construir** to construct
**consumar** to consummate
**consumidor** *m.* consumer
**consumir** to consume
**consumo** consumption; **la sociedad de** __ the consumer society
**contagiar** to be contagious
**contaminarse** to be contaminated
**contar (ue)** to tell, tell about; to say
**contemplar** to contemplate; to look at, notice
**contener (ie)** to contain; to hold back, repress
**contento** happy
**contestación** answer
**contestar** to answer
**contexto** context
**continua** continuous
**continuar** to continue
**continuidad** continuity
**contonearse** to sway her hips
**contra** against; **en** __ against

**contrariado** annoyed, irritated
**contrario** contrary, opposite; **por lo __** on the contrary; **todo lo __** on the contrary; *n.* opponent, enemy
**contrastar** to contrast
**contraste** *m.* contrast
**contrato** contract
**contribuir** to contribute
**convencer** to convince
**convencido** convinced, sure
**convenir (ie)** to be a good idea; to be suitable, agree with
**conversación** conversation
**convidado** guest
**convivencia** living together
**convivir** to live together
**conyugal** conjugal
**cónyuge** *m.* or *f.* mate, spouse, **los __s** husband and wife
**coñac** *m.* cognac
**copa** glass, wineglass, goblet; **__ de plata** silver goblet
**coqueta** coquettishly
**coquetear** to flirt
**corazón** *m.* heart; my darling
**cordel** *m.* rope
**cordón** *m.* chain
**coro** chorus; **a __** as a chorus
**corregir (i)** to correct
**correr** to run
**corresponder** to belong to
**corsé** *m.* corset
**cortar** to cut, cut off
**cortejar** to court
**corto** short
**cosa** thing; **las dos __s** both; **tus __s** your own affairs; **¿qué otra __?** what else?; **otra __** anything else
**crear** to create

**crecer** to grow
**creer** to believe; **__ que sí** to think so
**cretino** idiot
**creyente** *m.* or *f.* believer
**cromosoma** *m.* chromosome
**crucero** cruise
**crueldad** cruelty
**cruzar** to cross
**cuadro** scene (of a play); picture
**cual** which, who; **¿cuál?** which?, which one?, what?
**cualidad** quality
**cualquier(a)** any; anyone
**cuando** when; **¿cuándo?** when?
**cuanto** all that, all the, all; **en __** as soon as; whenever; **en __ a** as for, in regard to; **todo __** everything; **¿cuánto?** how much?, how?
**cubierto** covered; satisfied
**cubrir** to cover; to close; to fill (a position)
**cuchara** spoon; **una __da** a spoonful **una __dita** a little spoonful
**cuchichear** to whisper
**cuenta** bill, account; **darse __** to notice, realize; to know what one means
**cuento** story
**cuerda** rope
**cuero** leather
**cuerpo** body
**cuestión** question, problem
**cuidado** care, concern; **tener __** to be careful; **¡cuidado!** be careful!
**cuidar** to take care of (someone)
**culebra** snake
**culpable** guilty

**cumpleaños** *m.* birthday
**cumplir** to carry out, fulfill
**cura** *m.* priest
**curiosidad** curiosity
**curioso** strange; funny

**chaleco** vest
**chalet** *m.* bungalow, cabin
**champaña** *m.* champagne
**chapotear** to splash around
**chapoteo** splashing
**chasquear** to snap, to crack (e.g., a whip)
**chica** girl
**chico** boy
**chocar** to clash; to come together
**chorro** burst
**¡chsss! ¡chist!** *interj.* sh! hush!

**danzar** to dance
**danzarina** dancer
**daño** harm; **hacer __** to harm, hurt
**dar** to give; **__ la espalda** to turn one's back; **__ a** to turn; **da lo mismo** it's all the same, it doesn't matter
**de** of, from, in, on, at, among; about, concerning; with, by for; to, as
**debajo** below; **__ de** underneath
**deber** must, should; ought to; to owe
**débil** weak
**debilucho** rather sickly
**decente** decent, proper
**decepcionado** disappointed
**decidido** determined
**decidir** to decide
**decir (i)** to say, tell; **es __** that is

to say; **se dice** they say; **di** or **dime** tell me; **dile** tell him
**decorativo** decorative
**dedo** finger; **__ pulgar** thumb
**defender (ie)** to defend; **__se de** to defend against
**definitivo** definitive; **en definitiva** definitively, in fact
**deformado** deformed
**deforme** deformed
**degustar** to taste, savor
**dejar** to leave; to permit, let; **__ de** + *inf.* to stop + *v.*
**delante** before, in front, ahead; **por __** ahead of
**delectación** joy, pleasure
**deleitar** to delight; to enjoy; **__se con** to take delight in, enjoy
**deleite** *m.* delight
**delicado** delicate
**demacrado** emaciated
**demás** the rest, other; **lo __** the rest; **los __** the others
**demasiado** too much; too; **__s** too many
**demostrado** demonstrated
**demostrar (ue)** to show
**dentro** inside
**depender** to depend
**depravado** depraved; *n.* depraved person
**derecho** right; **por __** by right
**derribar** to knock down
**derroche** *m.* waste
**derrotado** defeated
**derrotismo** defeatism
**desafiante** defiant(ly)
**desamparado** abandoned
**desaparecer** to disappear
**desarrollar** to develop
**desarrollo** development

**descansar** to rest
**descanso** rest
**descapotable** *m*. convertible (car)
**descender (ie)** to descend
**descenso** demotion
**descolgarse (ue)** to come down
**descomunal** enormous, over-sized
**desconcertado** upset; confused
**desconfiar:** __ **de** to distrust
**desconocer** to not know
**desconsolado** disconsolate, sad
**desconsuelo: con** __ sadly
**descorchado** uncorked
**descorchar** to uncork
**describir** to describe
**descripción** description
**descriptivo** descriptive
**descrito** described
**descubrir** to discover; to reveal
**descuido** carelessness; mistake
**desde** from, since; __ **ahora** from now on; __ **hoy** from to-day on; __ **este momento** from this moment on
**descable** desirable
**deseado** desired
**desear** to desire, wish, want
**deseo** desire
**desesperado** desperate
**desfachatez** *f*. impudence, nerve
**desgraciado** unhappy; unfortu-nate
**deshacer** to come out of, to un-do; __**se de** to slip out of
**desilusionar** to disappoint; __**se** to be disappointed; to have a change of heart
**desinflar** to run out of steam; to deflate

**desistir** to stop, desist
**desmayado** fainting, languid
**desmayar (se)** to faint
**desmoralizado** demoralized
**desnudar** to undress
**desnudez** *f*. nudity
**desnudo** naked
**desolado** desolate
**despacio** slow(ly)
**despacho** office
**despedir (i):** __**se** to say good-bye
**desperezarse** to stretch
**despertador** *m*. alarm clock
**despertar (ie)** to awaken; __**se** to wake up
**despojar** to take off, undress; __ **de** to take off; __**se** to take off, to get undressed
**despreciable** contemptible
**despreciar** to scorn
**desprecio** scorn
**despreocupado** carefree
**después** after, afterward, later, then; __ **de** after, besides
**destacar** to stand out
**destinar** to assign
**destino** destiny
**desvencijado** falling apart
**desvestir (i)** to undress
**detener (ie)** to stop; __**se** to stop, pause
**determinar** to determine
**detestar** to detest
**detrás:** __ **de** behind
**devorar** to devour
**di; dime** *See* decir
**día** *m*. day; **de** __ light out; **bue-nos** __**s** good morning, good day
**diablo** devil

dialogar to talk to
dicho *p.p.* of decir
dichoso happy
diferenciarse to be different
dificil difficult
difunto deceased, dead
diluir to dilute, dissolve
diminuto tiny
dinámico dynamic
dinero money
Dios God
diosa goddess
dirección address
dirigir to direct; __se a to go toward; to talk to.
disco record
discutir to discuss; to argue about
disfrutar to enjoy; __ de to have the benefit of; to have the use of; to enjoy
disgustado displeased; disgustadísimo very upset
disgustar to displease, bother
dislocar to drive crazy
disponer to prepare; __se a to get ready to
dispuesto ready, ready to do it; agreed; __ a ready for, ready to
distancia distance
distanciación separation
distanciado far apart
distanciar to separate
distinto different
distraer to amuse, have some fun
distraído distracted, absorbed
diván *m.* couch
diversión amusements, games
diverso different
divertido fun, funny; divertidísimo very funny

divertirse (ie, i) to have a good time
dividido divided
doliente suffering, sickly
dolor *m.* pain; grief; __ de cabeza headache
doloroso painful; very sad
domicilio house
dominar to be in command, dominate; to control
doncella girl, young lady, woman
donde where; en __ where; ¿dónde? where?
dorado golden
dormir (ue, u) to sleep; __se to fall asleep
dormitar to doze
dos two; los __ the both of us
dramático dramatic
duda doubt; sin __ undoubtedly
dudar to doubt
dueña owner, mistress
dulce sweet
durante for; during
durar to last
duro hard, difficult; harsh, stubborn

e and (preceding words starting with *i* or *hi*)
ebrio drunk, tipsy
echar to throw, throw out; to knock; __ humo to puff smoke; __ de menos to miss
edad age
educación upbringing
educador *m.* teacher; person who brings one up
educar to educate
efecto effect
eficiente efficient

**egoísta** selfish
**ejemplo** example
**elegir (i)** to choose
**ello** it; **por __** for that reason
**embarazo** pregnancy
**embarazoso** embarrassing; complicated
**embarcación** boat
**embargo: sin __** nevertheless
**embustero** liar; ¡__! you liar!
**emoción** emotion
**emocionado** emotionally moved
**empezar (ie)** to begin
**empleado** employee
**empresa** company; **hombre de __** business executive
**empujar** to push, shove
**en** in, on, at; under
**enajenación** alienation
**enamorar** to fall in love
**enarbolar** to lift
**encantado** delighted
**encantador** very attractive, charming
**encantar** to like very much
**encargar: __se de** to take charge of, take care of
**encarnado** red in the face
**encender (ie)** to light; to put on (a light)
**encima** above; **por __ de** over, on top of
**encinta** pregnant
**encogerse** to shrug
**encogido** contracted, crouched up
**encontrar (ue)** to find; to get; **__se** to feel
**energía** energy
**enervamiento** weakening
**enervar** to weaken
**enfurecido** infuriated

**engalanado** decorated
**engañar** to deceive
**engañoso** deceiving
**engendrar** to give birth to
**engolosinado** watering at the mouth
**engreído** conceited
**enguantado** wearing gloves
**enlazado** attached to
**enlutado** dour look
**enmudecer** to fade
**enojarse** to become angry, get mad
**enorme** enormous
**enredor: __ de** around
**enrollado** rolled up
**enseñar** to show; to teach
**ensimismado** engrossed, deeply concentrated
**ensuciar** to make dirty, defile
**ensueño** dreams
**entender (ie)** to understand
**enterarse** to understand; to find out; **__ de** to find out about
**entero** entire, whole; complete (ly)
**entierro** funeral
**entonar** to sing in tune
**entonces** then
**entornar** to half-close
**entrañar** to entail, involve
**entrar** to enter; to stick into
**entre** between; among, amidst; in; **__tanto** meanwhile
**entregar** to deliver, hand over; to surrender
**entretener (ie)** to keep amused, keep occupied
**envejecer** to grow old
**envenenar** to poison
**envidia** envy; **dar __** to arouse the envy

**envolver (ue)** to wrap, wrap up; to take hold of
**epístola** letter
**época** times, age
**equivocado** mistaken
**equivocarse** to be mistaken
**erótico** erotic
**erotizado** aroused
**esa** that
**esbeltez** *f.* slenderness
**escalafón** *m.* the seniority scale
**escalera** stairway
**escanciar** to pour
**escandaloso** scandalous
**escarabajo** beetle
**escarnio** scourging
**escena** scene; stage
**escenario** stage
**escénico** scenic
**esclavo (a)** slave
**escocer (ue)** to burn; to sting
**esconder** to hide
**escondido** hidden
**escucha: queda a la __** to eavesdrop
**escuchar** to listen
**escudriñar** to scrutinize
**escuela** school
**esforzarse (ue)** to make an effort
**esfuerzo** effort
**eso** that; **por __** that's why, for that reason; **¿Es eso?** Is that it?
**espalda(s)** back, shoulder(s)
**espasmódico** spasmodic
**especial** special
**espejo** mirror
**esperanza** hope
**esperar** to wait, wait for; to hope; to expect
**espinacas** spinach

**espíritu** *m.* spirit
**espiritual** *f.* spiritual (religious song)
**espiritualmente** spiritually
**esplendor** *m.* splendor
**esponja** sponge
**espontáneo** spontaneous
**esposa** wife
**esposo** husband; bridegroom
**es que** *See* ser
**esquizofrénico** schizophrenic
**establecido** established
**estación** season; **de __** seasonal
**estado** condition, state
**estafar** to deceive
**estallar** to burst
**estampar** to fix; to sign
**estar** to be; to stay
**este, esta** this; **estos, estas** these; **éste, ésta** this, this one
**estéril** sterile
**esteriotipado** stereotyped
**estilo** style
**estirar** to stretch
**esto** this
**estómago** stomach
**estrago** damage, ravage
**estratagema** stratagem, line of attack
**estrecho** narrow
**estrella** star
**estrépito** noise, pop (of champagne cork)
**estrictamente** strictly
**estropear** to spoil
**estudiar** to study
**estudio** study; **__s de mercado** studying the market
**estupideces** *f.* silly things
**estúpido** *n.* stupid person
**eternidad** eternity

**eterno** constant
**etiqueta** label; __s manners
**euforia** euphoria
**Eva** Eve
**evidentemente** evidently, obviously
**evitar** to avoid
**evocar** to evoke, suggest
**exasperado** exasperated
**excitado** excited
**excitante** exciting
**excitar** to excite; __se to get excited
**exlamación** exclamation, shout
**excremento** excrement
**exhibir** to show
**exigencia** requirement, demand
**exigir** to demand; to urge; to deserve; to want
**existir** to exist, be
**exitante** exciting
**éxito** success
**expectación** expectancy; **hay__** there is an air of expectancy
**experiencia** experience
**explicación** explanation
**explicar** to explain
**explorar** to explore
**explotar** to exploit
**expresado** express
**expresar** to express
**expresión** expression, mood
**exquisito** exquisite
**extender (ie)** to extend, stretch out, spread
**extinguir** to fade away
**extraer** to take out
**extranjero** foreigner; **el __** a foreign country
**extrañar** to surprise, be surprised
**extrañeza** surprise

**extraño** strange, odd; *n.* stranger; oddball
**extremadamente** extremely
**extremo** end; extreme
**exuberante** full of life

**fabricar** to make, manufacture
**fabuloso** fabulous
**faceta** facet
**fácil** easy
**faja** corset
**falda** skirt
**falso** false
**falta** fault, defect
**faltar** to be missing
**fallo** failure
**familia** family
**fardo** bundle
**fascinar** to fascinate
**fascinante** fascinating
**fastidiado** annoyed
**fastidioso** annoying
**fatuo** conceited
**faz** *f.* face
**fe** *f.* faith
**felicidad** happiness; ¡__es! congratulations!
**felicitar** to congratulate
**feliz** happy
**femenino** feminine
**feo** ugly; nasty
**feria** fair
**fiarse** to trust (somebody); __ de to trust
**fiel** faithful
**fiesta** feast, party; __ de sociedad a high-society party
**figura** shape, figure
**figurar** to imagine
**fijo** permanent; fixed
**filosófico** philosophical

**fin** *m.* end, purpose; **al __** finally; **al __ y al cabo** after all; **por __** finally, at last; **en __** in short
**final** *m.* end
**finalizar** to put finishing touches
**finalmente** finally
**fingir** to pretend; to fake
**firma** signature, name; firm, company
**físico** physical
**flaco** thin
**flanco** flank, side; **por un __** on their flanks
**flaqueza** weakness
**flor** *f.* flower; **en __** in bloom
**flotar** to float
**fluir** to flow
**fomentar** to encourage
**fondo** back; **en el __** down deep
**forma** shape; way; **__s** figure; way; appearances
**formación** upbringing
**formar** to shape, to form; to be
**formidable** terrific
**fornido** strong
**forzosamente** exactly
**fotografía** photograph
**frac: de __** in coat with tails, full-dress suit
**frágil** fragile
**franco** frank
**frase** *f.* sentence, phrase
**fraude** *m.* fraud
**frenético** frantic
**frente** *f.* forehead, brow; **__ a** facing, in front of; opposed to; **en __** in front, opposite
**fresco** fresh
**frigorífico** refrigerator
**frío** cold

**fruición** joy, ecstasy
**frustrado** frustrated
**fruta** fruit
**frutal** *m.* fruit tree
**fruto** fruit (of their union), offspring, child
**fuente** *f.* fountain
**fuera** out; **por __** on the outside
**fuerte** strong; rough; **__mente** tightly
**fuerza** force; strength; **a la __** by force
**fulanita** little so-and-so
**fumar** to smoke
**función** function
**funcionario** office clerk, bureaucrat
**fusta** whip; **dar con la __** to hit with the whip
**fustazo** whiplash
**fútbol** *m* soccer

**gafas** eyeglasses
**galán** *m.* lover
**galante** gallant
**gallina** hen
**gameto** union of the sperm with the ovum
**ganar** to earn, get; to win
**garganta** throat
**garrote** *m.* hangman's noose
**gastado** worn out; wasted
**gato** cat
**geisha** geisha girl
**generación** generation
**generosidad** generosity
**genial** brilliant
**genio** genie
**Génova** Genoa
**gente(s)** *f.* people
**gentío** crowd

**gerente** *m.* boss, manager; **el se-ñor Gerente** Mr. Boss
**gesta** feat
**gesto** gesture
**gigantesco** gigantic
**girar** to spin around
**gladiador** *m.* gladiator
**glorioso** wonderful
**golpe** *m.* blow; **de un __** all at once
**golpear** to beat, hit
**goma** rubber
**gordo** fat
**gorila** *m.* gorilla
**gota** drop
**gozar** to enjoy; to possess
**gozo** joy; **goces** joys
**gracias** thanks, thank you; **mu-chas __** thank you very much
**gracioso** funny
**grande (gran)** big, large; great
**grano** grain
**grave** serious
**grieta** crack
**gritar** to shout, scream
**grito** shout, scream
**grosor** *m.* thickness; shape
**grueso** thick
**guante** *m.* glove
**guapa** pretty
**guapo** handsome, good looking
**guardaespaldas** *m.* bodyguard
**guardar** to keep, stick to; **__ for-mas** to keep up appearances
**guateque** *m.* party
**guerra** war
**guerrero** warrior
**guerrillas** guerrilla warfare; **ha-cer __** to carry on guerrilla warfare
**guerrillera** guerrilla fighter

**guía** *m.* guide, adviser
**guiar** to guide; **__se** to be guided
**gustar** to please, like
**gusto** taste, liking; pleasure; **con much __** with pleasure; I would like that
**gutural** guttural

**haber** *aux.* to have; to be (*imp.*); **hay** there is, there are; **habrá que** + *inf.* we will have to; **__ de** + *inf.* to be to, will; **hubo** there was
**habitación** room
**hablar** to speak, talk
**hacer** to do; to make; **__ efecto** to take effect; **__se** to become; **hace diez años** ten years ago; **no __se a** not to adjust to
**hacia** toward
**hada** fairy; **cuento de __s** fairy tale
**halagado** flattered
**hallar** to find
**hambre** *f.* hunger; **tengo __** I am hungry; **pasa __** it goes hungry
**hambriento** hungrily
**harto** full
**hasta** until, up to; even
**hay** (from **haber**) there is, there are; **__ que** + *inf.* one must, we must
**hecho** fact; *p.p.* of hacer
**hembra** female, girl
**herir (ie, i)** to hurt, offend
**hermoso** beautiful; handsome
**héroe** *m.* hero
**hierba** herb; grass
**hija** daughter
**hijo** son; child; fellow; **__s** child-ren

**hinchable** that can be blown up
**hinchar** to blow up
**histérico** hysterical
**historia** story; history
**hobby** *m.* pastime, game
**hoja** side (of a door); leaf
**hombre** *m.* man; __s men and women
**hora** hour; time; __s time
**horriblemente** horribly, terribly
**horrorosamente** horribly
**hoy** today; __ en día at this time
**hubo** *See* **haber**
**hueso** bone; **carne y** __ flesh and blood
**huevo** egg; **poner un** __ to lay an egg
**huir** to flee
**humanidad** the human race
**humilde** humble
**humo** smoke
**¡Huy!** *interj.* expression of amazement

**idiotez** *f.* idiocy
**idolatrado** idolized, worshipped
**iglesia** church
**ignorante** *m.* or *f.* ignoramus
**ignorar** to be ignorant of, not to know; to ignore
**igual** equal, the same; the same way
**igualdad** equality
**iluminar** to illuminate; __se to light up
**ilusionado** very interested
**imagen** *f.* image; **a tu** __ to your own image
**imaginar** to imagine; __selo to think so
**imitación** imitation
**imitar** to imitate

**impedir (i)** to stop, prevent
**impetuoso** impetuous
**implicación** implication
**implorar** to implore, beg
**importancia** importance; **no tiene** __ that's not important
**importar** to matter, to be important
**imposibilidad** impossibility
**improcedente** not right
**inacabado** unfinished
**incertidumbre** *f.* uncertainty
**incluso** besides, including; even
**incomunicación** lack of communication
**inconfesable** not confessable; I should not talk about it
**inconsciente: en el** __ subconsciously
**incordiar** to bother
**incorporarse** to straighten up; to sit up
**incrédulo** incredulous; not convinced
**increíble** incredible
**indecible** unspeakable; **lo** __ unspeakably
**indeciso** hesitant, indecisive
**indefinible** undefinable, indescribable
**independizarse** to become independent
**indeterminado** indeterminate
**indicar** to indicate
**indiferencia** indifferent feeling .
**indulgencia** indulgence
**inexperta** inexperienced; **una** __ an ignorant person
**infalible** infallible
**infancia** childhood
**infinidad** a great number
**infinito** infinite, endless

**información** information
**ingenuo** naive *n.* __ a naive person
**ingeniero** engineer
**inhibido** inhibited
**injuriar** to insult
**injusticia** injustice
**injusto** unjust, unfair
**inmediato** immediate; **de __** right away
**inmoral** immoral
**inolvidable** unforgettable
**inquietar** to disturb, upset
**insinuar** to insinuate
**instante** moment; **de un __ a otro** at any moment
**instinto** instinct
**intacto** intact
**intemperie** *f.* open air; stormy weather; **a la __** unsheltered
**intención** intention
**intentar** to try
**interés** *m.* interest
**interesar** to interest
**interior** *m.* interior, the inside
**interjección** interjection; sound of pain; obscenity
**interno** internal
**interrumpir** to interrupt
**íntimo** intimate
**intranquilo** worried
**intranquilidad** worry, lack of security
**introducir** to promote
**introspectivo** introspective
**intuir** to intuit, feel, to have a feeling
**inundar** to flood, fill
**invencible** invincible
**inventar** to invent
**invertido** homosexual; **es un __** he's a queer

**investigador** *m.* investigator
**invitado** guest
**invitar** to invite
**inyección** injection, shot
**ir** to go, go on; to be; ¡vete! go!, go away!; **vaya** or **váyase** go away; ¡vaya! you bet!; ¡vamos! come now!
**ironía** irony
**irónico** ironic
**irritado** irritated, upset
**izquierdo** left

¡**ja!** *interj.* ha!; ¡ja, ja! ha, ha!
**jardín** *m.* garden
**jefe** *m.* boss
**jorobarse** to be annoyed
**jóven** young; *n.* young person
**júbilo** joy
**juego** game
**jugar (ue)** to play
**juguete** *m.* toy
**juicio** judgment
**jungla** jungle
**juntar** to press together; to join
**junto** together; **__ a** beside, over to
**jurar** to swear
**justo** right, just
**juventud** youth
**juzgado** court

**labio** lip
**lado** side; **por otro __** on the other hand; **__ contrario** other side
**lago** lake
**lágrima** tear
**lamparilla** bedside lamp
**lanzar(se)** to hurl oneself, launch
**largamente** for a long time
**largo** long; **larguísimo** very long

**lástima** pity; **¡qué __!** What a pity!
**lateral** *m.* edge of the stage, side of the stage
**lavadora** washing machine
**lavar** to wash
**leal** loyal
**lectura** reading
**leche** *f.* milk
**lecho** bed
**leer** to read
**legalmente** legally
**legión** plenty, great number
**lejano** far off
**lejos** far; **más __** farther, further; **de __** from a distance; **__ de** far from
**lengua** tongue
**lenguaje** *m.* language
**lento** slow
**leona** lioness
**letanía** string of compliments; litany
**levantar** to raise
**ley** *f.* law
**liberado** free
**libertad** *f.* liberty
**libraco** bad book
**libre** free
**libro** book
**licor** *m.* liquor
**ligero** playful(ly)
**limitación** limitation
**limpio** clean
**lindo** pretty
**listo** clever, smart
**litro** liter
**lo** it, him, you; **__ de** the business of, the matter of
**loco** mad; **volver __** to drive crazy

**lógico** logical
**lograr** to succeed in; to manage
**lucir** to display, show; to put on; to be dressed up
**lucha** struggle
**luchar** to fight, struggle
**luego** then, later; **desde __** of course; **__ que** as soon as, then
**lugar** *m.* place; **tener __** to take place
**lujo** luxury
**lujoso** luxurious; **lujosísimo** very luxurious
**lujurioso** lustful(ly); lewd
**luna** moon; **__ de miel** honeymoon
**luz** *f.* light

**llamar** to call; to ring for; **__se** to be called; **__ la atención** to attract attention
**llanto** crying
**llegar** to reach, arrive, come; **__ a** + *inf.* to become, to come to
**llenar** to fill
**lleno** full
**llevar** to take, bring, carry; to wear; to lead; **__se** to raise; to place
**llorar** to cry, shed tears

**macizo** solid
**macho** mate; male
**madre** *f.* mother
**maestría** mastery; **con __** skillfully
**maestro** teacher
**magistral** terrific
**magnetófono** tape recorder

**magnífico** magnificent
**majadería** nonsense
**mal** *m.* evil; wrong; the wrong
  thing
**malo** bad, evil
**mamá** mama; mommy
**manadero** spring, fountain
**mandar** to order; to send
**mando** command; **tener el __** to
  be in command
**manejar** to handle
**manera** manner, way; **de esta __**
  in this way
**manía** obsession, mania
**manipular** to manipulate
**manivela** crank; handle
**mano** *f.* hand
**manotazo** slap
**manta** cover, blanket
**mantón** *m.* shawl; heavy blanket
  **__ de Manila** embroidered silk
  shawl
**mañana** tomorrow; morning;
  **por las __s** in the mornings
**maquillar** to put on make-up
**máquina** machine, apparatus;
  **__ de escribir** typewriter
**maquinar** to plot, scheme
**mar** *m.* or *f.* sea; **los __es del Sur**
  The South Seas
**maravilla** wonder; **qué __** how
  wonderful
**maravilloso** wonderful
**marca** brand
**marcar** to dial
**marchar** to run, operate; to be;
  **__se** to go away
**marginación** discrimination
**marginado** alienated, discrimi-
  nated against
**marica** *m.* a queer, homosexual

**marido** husband
**marrano** pig; **¡__!** you pig!
**Marsella** Marseilles
**más** more; most; any more;
  **__ bien** rather; **no... __ que**
  only; **¿qué __?** what else?
**masculino** masculine
**masoquista** masochistic
**masticado** chewed over; thought
  over;
**matar** to kill
**materia** subject
**materialista** materialistic
**matrimonio** married couple,
  couple; marriage; matrimony
**matutino** morning
**máximo** maximum, limit
**mayor** older, oldest; larger, largest; greater, greatest
**mayordomo** butler
**mecer** to rock; to play
**media** half
**medias** stockings
**médico** doctor
**medida** measurement, measure
**medio** half; middle; **en __ de** in
  the midst of
**medioevo** Middle Ages
**medios** means; **__ informativos**
  mass media
**meditar** to think about; to think
  it over
**mejilla** cheek
**mejor** better, best; **a lo__** probably, maybe; **lo __** the best
  thing
**mejorar** to improve
**mencionar** to mention
**menear** to wiggle one's hips; to
  shake
**menganita** little so-and-so

**menor** less, lesser; least, smallest; slightest, **al __** at the slightest
**menos** less, least; fewer; except; **al __** at least; **por lo __** at least
**mentir (ie, i)** to lie; to not tell the whole truth
**mercado** market, marketplace
**merecer** to deserve; **__ la pena** to be worthwhile
**mes** *m.* month
**mesa** table; **mesilla** or **mesita** little table
**meta** goal
**meter** to put, put in
**método** position, method
**mí** me
**micro** receiver
**micrófono** microphone
**miedo** fear; **tener __** to be afraid
**miel** *f.* honey
**mientras** while; in the meantime; **__ que** while; **__ tanto** in the meantime
**¡mierda!** shit!
**miga** crumb
**mimar** to fondle; to pamper
**mimoso** playful(ly); like a playful child; pampered
**mío** of mine
**mirada** glance
**mirar** to look, look at; **¡mira!** look here!
**mismo** same; very; **lo __** the same thing; **lo __ que** the same as; **nosotros __s** ourselves; **yo __** I myself; **si misma** herself; **por eso __** for that very reason
**mitad** *f.* half
**mitigar** to lessen, ease
**modales** *m.* manners

**modelar** to model
**modelo** *m.* or *f.* model
**modo** way, manner; **de otro __** differently; otherwise; **al __ de** like; **de __ que** so that, so
**mojar** to wet, moisten, dip
**mojiganga** object of little value
**molestar** to bother, trouble
**molesto** annoying; annoyed, bothered
**momento** moment; **de un __ a otro** any moment; **por __s** by the moment
**monita** a little monkey
**monstruoso** awful, monstrous
**morar** to live, dwell
**morir (ue, u)** to die
**mostaza** mustard
**mostrar (ue)** to show
**motivo** reason
**mover (ue)** to move
**movimiento** movement
**muchacha** girl
**muchacho** boy
**mucho** a great deal of, much; very
**mudez** *f.* muteness
**mudo** dumb, mute
**mueble(s)** *m.* furniture
**muerte** *f.* death
**mujer** *f.* woman; wife
**mula** mule
**multiplicar** to multiply
**multitud** *f.* crowd
**mundial** world
**mundo** world; **todo el __** everybody
**muñeca** doll; **__s de infancia** childhood dolls
**muñeco** doll
**murmurar** to gossip
**musiquilla** little tune

**muslo** thigh
**muy** very

**nacer** to be born
**nada** nothing, anything; **de __** nothing at all; you're welcome
**nadie** nobody, no one; anyone
**nariz** *f.* nose
**naturalidad** naturalness; **con __** naturally
**naturalmente** naturally, of course
**nebulizador** *m.* spray
**necesario** necessary
**necesidad** need
**necesitar** to need
**necio** foolish
**negando** saying "no"; shaking her head
**negar (ie)** to say "no", refuse
**negocio(s)** business
**negro** black
**nena** baby girl
**nervioso** nervous
**neurótico** neurotic
**ni** nor; not even; **__...__** neither... nor...
**nieto** grandchild; **nietecitos** little grandchildren
**nihilista** *m.* or *f.* nihilist
**ninguno (ningún)** any, not any, no, none, no one
**niña** girl; daughter
**niño** boy; child
**nivel** *m.* level
**Niza** Nice
**noble** noble
**noche** *f.* night; **de __** dark out; **esta __** tonight; **__s enteras** night after night
**nombre** *m.* name
**nosotros** we; us

**notarse** to be noticeable
**noticia** news; **una __** some news
**novato** beginning
**novia** girl friend; sweetheart; bride
**noviazgo** engagement, courtship
**novio** boy friend; **__s** bride and groom; sweethearts
**nuestro** our; **la nuestra** ours
**nuevamente** again, once more
**nuevo** new; **de __** again
**número** number
**nunca** never, ever
**nupcial** wedding; **marcha __** wedding march

**o** or; either; **__...__** either... or
**obedecer** to obey
**objeto** object
**obligar** to oblige, force
**obra** work; **obrita** short work
**observar** to observe
**obtener (ie)** to obtain; to come to
**ocultar** to hide, conceal
**oculto** secret; hidden
**ocupadísimo** very busy
**ocupar** to occupy
**ocurrir** to happen; **__sele** to come to one's mind
**odiar** to hate
**ofensa** offense
**ofrecer** to offer
**oído** ear
**oír** to hear; **oye** listen (familiar); **oiga** listen (with Ud.)
**ojo** eye
**ola** wave
**olfatear** to smell, sniff
**olvidar** to forget; **__se de** to forget

omnipotente *m.* or *f.* omnipotent

ondular to wave

opinar to think

optimista optimistic

óptimo the best; óptimas condiciones superb condition

orden *m.* order; a sus órdenes at your service

ordenar to order, command

oreja ear

organizado organized

organizar to organize

orgullo pride

orilla edge, bank, shore

orinar to urinate, pee

oscurecer to get dark

oscuridad darkness, blackout

oscuro dark; blackout; __ total complete blackout

ostentar to show off; to display

ostentosamente ostentatiously

ostra oyster

otear to look around; to look down at

otro other, another

oye *See* oir


paciente *m.* or *f.* patient

Pacífico Pacific Ocean

padre *m.* father; __s parents

pagar to pay, pay for

país *m.* country

palabra word

palacio palace

paladear to taste, savor

pálido pale

paliza beating

palma palm

palomita little dove

pan *m.* bread; loaf of. bread; un __ loaf of bread

pánico panic; con __ in a panic

pantalón *m.* trouser

pañuelo handkerchief

papá *m.* papa; daddy

papel *m.* paper; role (in a play); __es official papers, documents; rolls; un __ a piece of paper

par *m.* couple

para for, to, in order to; toward; __ que so that

paradoja paradox

paraíso paradise

parálisis *f.* paralysis

paralítico paralytic

parar to stop

parecer to seem, appear; to look like; ¿Qué te parece? What do you think about it?; How about it?

parecer *m.* opinion

parecido similar

pared *f.* wall

pareja couple, pair; companion, mate

parir to give birth

párpados eyelids

parte *f.* part, share; a otra __ somewhere else

partenaire *m.* or *f.* companion; dancing partner

participar to participate

particular private

partido shared, divided

partir to divide, share; to depart

parto childbirth

parturienta woman about to give birth

pasado past; last

**pasajero** fleeting
**pasar** to pass; to happen; __le a uno to get over; ¿Qué pasa? What's the matter?; What's up?
**pasear** to take a walk, to walk around; __ por to walk around
**pasividad** passivity
**paso** step; da unos __s he takes a few steps
**patata** potato
**paternalismo** paternalism
**patético** pathetic
**patriarca** m. patriarch
**pausa** pause
**paz** f. peace
**pecado** sin
**pecadora** sinful
**pecho** chest, bosom
**pedagogía** pedagogy
**pedante** stuffy
**pedazo** piece; **pedacito** little piece
**pedir (i)** to ask, ask for
**pegar** to beat
**peinar** to comb, fix hair
**peineta** ornamental comb
**pelele** m. man of straw
**peligro** danger
**peligroso** dangerous; lo __ how dangerous
**pelo** hair
**pena** sorrow; shame; con __ sadly
**pender** to hang
**pensador** m. thinker
**pensamiento** thought
**pensar (ie)** to think; __ en to think about
**pensativo** thoughtful, pensive

**pensión** boardinghouse
**penumbra** semi-darkness
**peor** worse; worst
**pequeño** small, little
**perchero** coat rack
**perder (ie)** to lose; to waste; to miss
**perdonar** to forgive, pardon
**perfecto** perfect
**perfumado** perfumed
**perfumar** to perfume
**perfume** m. pleasant odor, perfume
**periódico** newspaper
**perla** pearl
**permanecer** to remain
**permitir** to permit, allow
**pero** but
**perplejo** worried
**perro** dog
**persona** person; __s persons, people
**personaje** m. character
**personalidad** personality
**personalmente** personally
**pertenecer** to belong to
**perturbar** to disturb
**pesar** to weigh
**pescador** m. fisherman
**peso** weight
**petimetre** m. dude, dandy
**pico** corner, point
**pie** m. foot; a los __s at the foot
**piedra** stone
**pierna** leg
**pigmeo** pygmy
**pijama** m. pajama
**pillín** m. rogue, rascal
**pirueta** pirouette; haciendo __s making designs
**piscina** swimming pool

**piso** floor; apartment
**pisotear** to squash (underfoot)
**pistola** pistol
**placer** *m.* pleasure
**plan** *m.* plan
**planchadora** ironer
**planificar** to plan
**plantar** to appear; to plant
**plata** silver
**plato** dish, plate
**playa** beach
**pobre** poor; ¡__ de mí! poor me!
**poco** little; **los __s** the few
**poderoso** powerful
**poder (ue)** to be able; can; may
**poder** *m.* power
**podrido** rotten
**poema** *m.* poem; __s poetry, poems
**político** political; *n.* politician
**polvo** powder; dust
**pompa (s)** pomp
**poner** to put, place, put on; __se to become, get; __se a + *inf.* to begin to plus *v.*; __ un huevo to lay an egg; __se en pie to stand up; __se de acuerdo to be in agreement, agree
**por** for, by, along, through, around; no matter how, because of, on account of; __ nada about anything
**porción** portion; a lot of
**porque** because
**¿por qué?** why?
**portarse** to behave
**poseer** to possess
**posibilidad** possibility, chance
**posición** position
**postre** *m.* dessert
**postura** posture, stance

**potente** powerful
**practicar** to use, practice
**prado** meadow, field
**precio** price
**precioso** precious, darling
**precipitarse** to rush
**preciso** necessary; precise
**preferido** favorite
**preferir (ie, i)** to prefer
**pregunta** question; **hacer una __** to ask a question
**preguntar** to ask
**premio** prize
**prensa** press
**preocupación** worry
**preocupado** worried
**preocupar** to be concerned; to worry; to bother
**preparación** preparation
**preparado** ready, prepared
**prescindir: __ de** to disregard, do without
**presente** *m.* present; *adj.* present
**préstamo** loan
**prestigioso** famous; very important, prestigious
**presumir** to presume, boast
**pretender** to pretend; to try
**pretendiente** *m.* suitor
**primero (primer)** first; **lo __** the first thing; **primera** primary
**primogénito** first-born
**príncipe** *m.* prince; __s prince and princess
**principio** beginning; principle; **en __** in the beginning; **al __** in the beginning
**prisa** hurry; **¡Date __!** Hurry up! **dar __** to hurry
**probar (ue)** to try; to taste, sample; to test

**problema** *m.* problem
**procrear** to procreate
**procurar** to try
**producción** production
**producir** to produce
**producto** product
**profundizar** to go deep into things
**profundo** deep
**progre: progresista** *m.* or *f.* person with modern ("hip") ideas
**prohibir** to forbid
**prolongar** to prolong
**prometer** to promise
**prometida** fiancée
**pronto** soon; **de __** suddenly; **hasta prontito** see you soon
**pronunciar** to say
**propaganda** advertising; propaganda
**propietario** owner
**propio** own; **a los __s** to each his own
**proponer** to propose
**prosopopeya** pomposity, solemnity
**prosperidad** prosperity
**protestante** *m.* or *f.* Protestant
**protestar** to protest
**provocar** to provoke; to create; to get into arguments
**provocativamente** provocatively
**¡Ps!** *interj.* Bah!
**pubertad** *f.* puberty, adolescence
**publicar** to publish
**público** audience, public
**pudor** *m.* modesty
**puelme** *f.* brew
**puerco** pig
**puerta** door

**pues** because, for; then, well
**puesto** stand; position; **__ que** since
**pulsar** to press the switch
**punto** point, period; **a __ de** about to
**puño** fist
**puro** pure; *n.* cigar

**que** *conj.* that, for, because, so that, than, as; *pro.* who, which, that which; **el __** one who, the one who, the one which, which; **los __** the ones who; **lo __** what, whatever
**¿qué?** what?, what a?, how?; **¿el __?** what?
**quedar** to remain, be left; to be; **__ en** to agree
**queja** complaint
**quejarse** to complain
**quemado** burned
**quemar** to burn
**querer (ie)** to wish, want; to like, love; **__ decir** to mean
**querido** dear; **__s** my dear people
**quien** who, whom, the one who
**¿quién?** who?, which one?
**quieto** quiet, calm
**quince** fifteen
**quitar** to take off; to take away
**quizá(s)** perhaps

**rabioso** angry, angrily
**radiante** radiant
**ramo** branch
**rápido** swift, rapid
**raro** strange, odd
**rascar** to scratch

rata rat

rato while, moment; un ratito a little while

ratoncillo little mouse

razón *f.* reason; word; tener __ to be right

reacción reaction

reaccionar to react

realidad reality; de __es on reality

realizar to accomplish, do, achieve; __se to be realized

realmente really

reanimar to revive

reanudar to renew

rebelde *m.* or *f.* rebel, revolutionary

recalcitrante(s) *m.* or *f.* stubborn one(s)

recámara chamber, bedroom

recibir to receive

recién recently; __ casados newlyweds; una __ casada a new bride

reciente recent

recio strong

recoger to gather

recompensa reward

reconciliación reconciliation

recordar (ue) to remember

recorrer to go around

recostar (ue) to lean, lean back

recrear to enjoy, be pleased

recuerdos memories; de __ on memories

recuperar to recuperate

redondo round

referente referring, in reference to

referir (ie, i) to refer

reflector *m.* stage spotlight

reflejado reflected

reflexivo pensive

refrescar to refresh

refriega scuffle; struggle

regalar to give (a gift)

regalo gift; regalito little gift

regla rule; order

regocijo joy, rejoicing

reina queen

reír (i) to laugh; __se to laugh; __se de to laugh at

relación relation

relamer to lick

Renacimiento Renaissance

rendido tired, worn out

renuncia resignation, renunciation

renunciar to give up

reñir (i) to scold

reparar to notice; __ en to notice

repetir (i) to repeat

reposado rested

reposo repose, rest

representar to represent

representativo representative

reprochar to hold against

reproche *m.* reproach

resignado resigned, giving in

resistir to resist

resolver (ue) to solve

respecto: __ al in respect to; al __ in respect to (that)

respetar to respect

respetuoso respectful

respirar to breathe; to sigh; to make a sound

responsabilidad responsibility

responsable responsible; los __s the ones responsible for it

resto(s) rest, remains

resuelto determined

**resultar** to result, turn out to be; to be
**retahila** string, line, series
**retirar** to take away; to go out, exit; to retire; to go back; to pull off
**retorcer(ue)** to squirm
**retorcido** sneering
**retornar** to return, go back
**retroceder** to step back
**reunir** to collect; __se to join
**revolcar** to roll over, writhe
**revolucionario** revolutionary
**rey** *m.* king; __es king and queen
**rico** rich
**ridículo** ridiculous
**riesgo** risk
**rígido** rigid
**riguroso** rigorous
**río** river
**riquísimo** very delicious; ¡Qué __ooo! How very deeeelicious!
**risa(s)** laughter
**ritmo** rhythm; pace
**rito** ritual
**rizo** wave
**rodeado** surrounded; __ de surrounded by
**rodear** to surround
**rodilla** knee
**rojo** red; flushed with anger
**romper** to break
**roncar** to snore
**ropa(s)** clothes; **ropita** baby clothes
**rosa** rose
**rostro** face
**roto** broken
**ruborizarse** to blush
**rueda** wheel

**rugir** to roar
**ruidoso** exciting, sensational
**rumbo** direction; line of conversation
**rumor** *m.* crowd noise

**sábana** sheet
**sabelotodo** know-it-all
**saber** to know, know how; to learn, find out; **no lo sé** I don't know; **¿que si sé?** You're asking if I know?; **supe** I found out
**saborear** to taste
**sacar** to take, take out
**sacrificar** to sacrifice
**sacrificio** sacrifice
**sagaz** shrewd, sharp
**sal** *See* salir
**sal** *f.* salt
**sala** room; __ de fiesta night club
**salario** salary
**salero** salt shaker
**salir** to go out, exit, leave, come out; __ de to leave, go off; **sal** get out
**salón** *m.* dining room (of hotel); lounge
**salsa** sauce, gravy
**saltar** to jump; __ de to jump out of
**saludar** to greet
**salvaje** *m.* or *f.* savage; *adj.* savage
**sangre** *f.* blood
**sangriento** bloody; savage, bloodthirsty
**Satanás** the Devil, Satan
**satisfacer** to satisfy
**satisfactorio** satisfactory
**satisfecho** satisfied

**sé** *See* **saber**
**secar** to dry
**sección** section, department
**seco** dry
**secretaria (rio)** secretary
**secreto** secret
**seda** silk
**seducir** to tempt, intrigue; to seduce
**seductor** *m.* seducer
**seguida: en __** at once, right away
**seguir (i)** to continue; to follow; to be still
**según** according to
**segundo** second
**seguridad** security
**seguro** sure(ly), certain(ly)
**semblante** *m.* face
**semejante** similar
**semi-desnudo** half-naked
**sencillo** simple
**sendos** each one; **__ pañuelos** their respective handkerchiefs
**senos** breasts
**sensación** sensation
**sensible** sensitive
**sensualidad** sensuality; **con __** sensually
**sentado** sitting, sitting up
**sentarse (ie)** to sit down
**sentido** sense, meaning
**sentimiento** feeling
**sentir (ie, i)** to feel; to be sorry
**seña** signal, gesture; sigh
**señal** *f.* sign, indication
**señalar** to point to, point at; to point out
**señor** *m.* gentleman, sir; husband; lord
**señora** woman; madam; Mrs.; mistress

**señorita** young lady, Miss
**separado** separated
**separar** to separate
**ser** to be; **es que** you mean; it's just that; the fact is; in fact; *n.* human being, person, creature
**serenamente** calmly
**serio** serious(ly)
**serpiente** *f.* serpent
**servilleta** napkin
**servir (i)** to serve; to be useful, help; to be good for; to do any good
**severidad** severity, sternness
**sexo** sex
**sexual** sensual, sexual
**sexualidad** sexuality
**si** if, whether or not
**sí** yes, certainly; **¿__?** really? **decir que __** to say so
**siamés** Siamese
**sicoanalista** *m.* or *f.* psychoanalyst
**siempre** always
**sierra** mountains; **de la __** in the mountains
**siglo** century; **del __ veinte** of the twentieth century
**signo** destiny, fate; sign
**siguiente** following
**silencio** silence; **un __** a moment of silence
**simbólico** symbolic
**simbolizar** to symbolize
**simio** ape, monkey
**simpático** pleasant, nice
**simplemente** simply
**simular** to simulate
**sin** without
**sinceridad** sincerity
**sincero** sincere
**sino: __ que** but rather

**sinsabor** *m.* trouble; worry
**síntoma** *m.* symptom, sign
**siquiera** even; **ni __** not even
**sisa** arm hole
**sistema** *m.* system
**sitio** place
**situación** situation
**sobaco** armpit
**sobre** on, upon, on top of; about; over, above; **volver __ él** to return to him; **__ todo** especially
**sobrecito** little envelope, little packet
**sobreponerse** to control oneself
**sobresaltada** startled
**sobresaltar: __se** to become frightened
**sobrevenir (ie)** to take place
**sobrevivir** to survive
**sociedad** society
**sol** *m.* sun; **al __** in the sun
**soledad** solitude
**solemnemente** solemnly
**solemnidad** solemnity
**soler (ue)** + *infin.* to usually + *v.*
**sólido** solid; sound
**solo(s)** alone
**sólo** only
**soltar (ue)** to let go, let out, let loose
**soltera** single woman
**solterona** old maid
**solución** solution
**sollozar** to sob
**sombrero** hat; **__ de copa** top hat
**somnoliento** drowsy
**sonar (ue)** to sound; to play; to ring; **__ a** to sound like
**sonido** sound

**sonriente** smiling
**sonrisa** smile
**soñador** dreamy
**soñar (ue)** to dream
**sopa(s)** soup
**soportar** to endure
**sorber** to slurp; to sip
**sordo** deaf; **__ y mudo** deaf-mute
**sorprendido** surprised
**sorteo** raffle
**sortilegio** witchcraft
**sostén** *m.* bra
**suave** soft, gentle
**suavizar** to soften
**subir** to go up; to pull up (stockings)
**súbito: de __** suddenly
**subyugar** to subjugate
**suceder** to happen
**suceso** event
**sucio** dirty
**sudor** *m.* sweat
**suelo** floor; ground
**sueño** dream
**suerte** *f.* luck; **tener __** to be lucky
**suficiente** enough; **lo __** well enough
**sufrimiento** suffering
**sufrir** to suffer
**sugerir (ie, i)** to suggest
**sugestionado** jittery
**sumergir** to submerge, get back to
**sumir** to dim the light
**sumiso** submissive
**supe** *See* **saber**
**superficial** superficial
**supergerente** *m.* top boss
**superior** larger, largest
**suponer** to suppose, presuppose; to suggest, imply; to require

**suposición** supposition
**surgir** to appear
**surtidor** *m.* spout, fountain
**suspirar** to sigh
**sutil** subtle
**suyo** yours, his, hers, theirs; of yours, of his, etc.

**tabaco** tobacco; cigarettes
**tabú** *m.* tabu, taboo
**tálamo** wedding bed
**talla** size; __s **superiores** larger sizes
**tamaño** such a big, so large
**también** also, too
**tambor** *m.* drum
**tamiz** *m.* sieve, strainer
**tampoco** neither, either, not even
**tan** so; such a; very; __... **como** as... as
**tanto** *adj.* as (so) much; *pl.* so many; *adv.* so, so much, in such a manner; **entre** __ meanwhile, in the meantime; **un** __ a little bit; __ **como** as much as; **en** __ **que** while; __... **como** both... and
**tapar** to cover
**taquimecanografía** shorthand and typing
**tararear** to hum
**tarde** late
**tarea** work
**tarro** jar
**tarta** cake
**taza** cup
**teclear** to type
**técnica** technique
**técnico** technical

**tedio** boredom
**teléfono** telephone
**televisor** *m.* television set
**telón** *m.* curtain
**tema** *m.* theme, subject, topic; things
**temblar (ie)** to tremble, be afraid, quiver
**tembloroso** shaking
**temer** to fear
**temeroso** fearful
**temor** *m.* fear
**tender (ie)** to stretch out, reach out
**tener (ie)** to have; __ **que** + *inf.* to have to + *v.*; __ **que ver con** to have to do with; __... **años** to be... years old
**tentador** tempting
**tentar (ie)** to tempt
**teoría** theory
**terminar** to finish, end, end up; __ **de** to stop
**término** term, expression
**testigo** witness
**texto** text, book
**tibio** lukewarm
**tiempo** time; **hace mucho** __ a long time ago; **por mucho** __ for a long time; **al** __ **que** at the same time as
**tiento** caution
**tierno** tender(ly); **tiernísimo** very tender(ly)
**timón** *m.* rudder
**tinte** *m.* dye
**tintero** inkwell
**tío** uncle; guy
**típico** typical
**tipo** type, kind
**tirar** to throw, throw at; to pull,

pull off; __ de la manta to uncover

tiro shot

Tirreno: el mar __ the Tyrrhenian Sea

título title; __s books

tobillo ankle

tocadiscos *m.* record player

tocador *m.* dresser

tocar to touch; to talk about

todavía still; yet

todo all, everything

tomar to take; to pick up; to drink, eat; __ una decisión to make a decision

tomo volume

tono tone

tontería(s) nonsense; junk

tonto fool

tormento torture

torpemente slowly, awkwardly

toser to cough

total total(ly)

totalmente completely

trabajar to work; a __ let's get to work

trabajo work, job; un __ en común a job done together

traer to bring

tragar to swallow

trago swallow

traidor *m.* traitor

traje *m.* dress; suit; __ blanco white gown; __s clothes; __ de novia bridal gown

tramar to plot

tranquilo calm

transformación transformation

transformar to transform

transición transition

transparente transparent, sheer

trapos glad-rags

tras after

trascendental very important, very serious

trasladar to transfer

trasto: __s pile of stuff

tratar to treat, deal with; __se de to concern, to be a matter of, to be a question of; __ de to try

trato treatment

través: a __ de él through it

tren *m.* train; al __ under the train

trepar to drill

tripa belly

triste sad

trocito little piece

Troya Troy

troyana Trojan woman

tulipán *m.* tulip

turbarse to get disturbed

turbulento stormy

turrón *m.* Christmas nougat candy

tuyo of yours

u or (before words beginning with *o* or *ho*)

último last, final

umbral *m.* threshold

únicamente only; __ que just that, only that

único only; el __ the only one

unido united, together; close

unir to bring closer together

unísono unison; al __ in unison

uno (un) a, one; __s some, a few; __s con otros with each other; el __ para el otro for

each other; **los __s de los otros**
to each other
**usar** to use; **__ de** to make use of
**usurpar** to take away
**utilizar** to use
**¡Uy!** *interj.* Wow!

**vacaciones** vacation
**vaciar** to empty, dump
**vacilante** hesitant
**vacilar** to hesitate
**vacío** emptiness; *adj.* empty
**vagabundo** tramp
**vago** vague
**valer** to be worth; to count; to be
right
**válido** valid
**valor** *m.* courage; value
**vals** *m.* waltz
**¡vamos!** *See* **ir**
**vaporoso** light(ly); dreamily
**variación** variation
**variar** to vary, change
**varios** several
**varón** *m.* male; boy
**vaso** glass
**¡vaya!** *See* **ir**
**veces** *See* **vez**
**vecino** neighbor
**vela** candle
**velar** to watch over
**velo** veil
**venal** mercenary
**vencedor** *m.* conqueror
**vencer** to win, conquer
**vencido** conquered
**vendar** to cover with a handkerchief
**vender** to sell
**¡venga!** *See* **venir**
**venganza** revenge

**vengar** to get revenge
**venir (ie)** to come; **¡venga!** come
now!
**venta: contrato de __** sales contract
**ventana** window
**ver** to see; **a __** let's see; **no tener
nada que __** not to have any-
thing to do with; **al __** on
seeing
**veraneo** summer vacation
**verano** summer
**veras: de __** really
**verdad** truth; **de __** real
**¿verdad?** isn't he?; isn't it so?;
right? aren't we?; **¿de __?**
really?
**verdadero** true
**verde** green
**vergüenza** shame; **dar __** to em-
barrass
**vertebral** spinal; **columna __**
spine
**vespertino** evening
**vestido** dress; **__ de novia** wedding dress; *adj.* dressed
**vestir (i)** to dress; to design one's
dress
**¡vete!** *See* **ir**
**vez** *f.* time; **de __ en cuando**
from time to time; **tal __** perhaps; **otra __** again; **a la __** at
the same time; **una y otra __**
over and over again; **cada __**
every time; **cada __ más** more
and more; **en __ de** instead of;
**alguna __** ever; *pl.* **veces; a __**
at times
**viajar** to travel; to move around
**viaje** *m.* trip; **hacer un __** to take
a trip
**victorioso** victor

**vida** life; **media** __ half a lifetime
**vieja** old woman; **de** __ as an old
  lady
**viejo** old; *n.* old man
**vientre** *m.* belly
**vigilante** on guard, watchful
**vigilar** to be on guard; watch
  over; to watch carefully
**vil** vile, dirty
**vinagre** *m.* vinegar
**violado** raped
**violencia** violence
**violento** violent(ly); **violentísimo**
  very violently
**violín** *m.* violin
**virgen** *f.* virgin; *adj.* virgin, in-
  nocent
**virtud** virtue
**virtuosamente** virtuously
**visiblemente** visibly
**visión** vision
**visita** visitor; **recibir** __s to have
  visitors
**visitar** to visit
**vitola** paper band
**vivencia** experience
**vivir** to live; **¡viva(n)!** long live!

**vivo** live
**voluntad** *f.* will; **por su** __ will-
  ingly
**voluptuoso** sensuous(ly)
**volver (ue)** to return, turn; __ **a**
  + *inf.* to do… again; __ **con**
  to return to; __**se** to become
  __ **sobre él** to return to him
**vomitar** to vomit
**vómito** flow, spurt, vomit, vom-
  iting
**vosotros** you
**voz** *f.* voice; **en** __ **baja** in a whisper
**vuelta** turn; **dar** __**s** to turn, give
  a turn; **media** __ half turn
**vuestro** your
**vulgaridad** commonness

**y** and
**ya** already, now, later, soon;
  __ **no** no longer, not any
  more; __ **está** O.K., all done
  now; __ **que** since
**yema:** __ **del dedo** fingertip
**yoga** *m.* yoga
**yudo** judo